漢娜・鄂蘭

エーリッヒ・フロム
全体主義という悪夢

極權主義的惡夢

牧野雅彦

鄭寬量——譯

◆關於〔青春哲學三部曲〕出版企劃

《佛洛姆：自由自在活著，不怕孤獨》
《漢娜．鄂蘭：極權主義的惡夢》
《叔本華：在充滿慾望的世界求生存》
三位思想家的三個主題，簡單扼要歸納思想精華。

①闡述究竟這是什麼樣的思想（概論）
②這種思想為什麼會誕生（時代背景）
③現在為什麼應該閱讀這樣的思想（當下能如何應用）

從以上三個方向探討關於個體、人生、社會、政治與國家等主題，是能一氣呵成讀完的「當代思潮」精巧一冊！

推薦序

在「快速、有趣、應用性」三者之間取得平衡，思考抵抗極權的處世原則

——吳媛媛（《上一堂思辨歷史課》作者）

為何在今天需要了解漢娜・鄂蘭？

為使台灣讀者能輕快進入當代思潮的核心，遠流推出「青春哲學三部曲」，囊括佛洛姆、漢娜・鄂蘭與叔本華重要著作與思想。三本書的內容均環繞著三個問題：⑴這是什麼樣的思想？⑵為什麼會產生這樣的思想？⑶為什麼我們在今天需要了解這個思想？期待在「快速、

有趣、應用性」三者之間取得平衡，成為讀者探究廣大知識世界的入口。

本書作者牧野雅彥是長期研究漢娜・鄂蘭思想的學者和譯者，曾為鄂蘭的兩部主要著作《極權主義的起源》、和《人的條件》撰寫導讀專書。由他來回答以上三個問題，是再適合不過的。

漢娜・鄂蘭著作等身，光是《極權主義的起源》中譯本就有上中下三冊，五十多萬字，其龐雜的架構、歷史背景知識的門檻、冗長艱澀的語句，都容易讓人望而卻步。在本書當中，作者用前半部提煉了鄂蘭針對極權體制提出的重要論述。並且在後半部進一步闡述這些思想結晶對今天的我們有何意義。對忙碌的現代人，或想一窺思想巨作的年輕讀者來說，我相信這本精心編排的小書會是一個很好的入門和契機。

所以，為什麼我們在今天需要閱讀漢娜．鄂蘭呢？

我記得小時候，每次經過路邊有人在辦喪事或是發生交通事故，媽媽都會把我的眼睛遮起來說：「轉過頭，不要看！」出於一種對凶煞之氣的避諱，「別過頭」敬而遠之，常是一種自保策略。

面對人類歷史上的凶厄和悲劇，我們又該如何思考和自處？是別過頭，希望它不會重演，不會發生在自己身上，還是用「萬惡的〇〇」一句話來草草收拾？

歷史上從來不缺乏暴力以及對人權的侵害，然而其傷亡規模、瘋狂、以及滲入全體群眾的程度，很難與近代極權國家，如納粹德國和蘇聯匹敵。漢娜·鄂蘭選擇冷靜直視這些泯滅人性的政治浩劫，並一步步往前推，試著推導出導致社會陷入極權狂潮的各種「因素」，也分析極權政體的各項特徵。

排他性、領袖崇拜、恐怖政治、隱匿或捏造真相等等，這些極權的「因素」仍然存在於今天的社會。儘管鄂蘭強調，這些因素並不必然會導致極權政體捲土重來，作者邀請讀者一起進行幾個政治思考實驗，想想在全球化的今天，物品、金錢和人的跨國移動和交流，導致經濟差距擴大和國族、種族間的對立，煽動人民不信任和不安的領導者出現，同時科學技術進步也正在改變人類原有的生活方式。在這樣的情況下，極權的「因素」會用什麼樣的形式出現，可能會帶來哪些風險？

鄂蘭的著作在今天仍能受到廣泛關注，正是因為她引導人們直視歷史和人性的深淵。閱讀鄂蘭，就是在思考抵抗極權的處世原則。

目次

第三章 極權主義的構造

第四章 極權主義所破壞的事物

＊本文引用處請參照原註，引用時亦有改變語句。

前言

為了對抗未來的「極權主義」

「這是絕對不能發生的事。」

當漢娜・鄂蘭初次聽聞納粹政權所犯下猶太人大屠殺的新聞，她是這麼想的。大量的人類被剝去衣物並遭到殺害。在猶如製造屍體的工廠裡，以他們是否值得活著的標準去揀選；不值得活下去的人被送進毒氣室，屍體以焚燒的方式處置，抹除一切他們曾活過的所有痕跡。

人類原不該做出這樣的事。但為什麼這種事卻發生了呢？而發生這樣的事之後，身為人類的我們應該如何活下去才對？

對鄂蘭來說，猶太人大屠殺並不是由少數人犯下的殘暴行為。名符其實的虐待狂、窮凶惡極的犯人罪行，當然可以依照法律加以處罰。但納粹行使的並不是一般犯罪集團的罪行，而是拘捕數百萬人並於集中營將之處死等行為，這不只是由警察或軍隊、行政機關、納粹黨或親衛隊等等部隊擔任劊子手，更是由無數人們共同合作才有可能落實的罪行。如果沒有積極支持納粹、也不曾參加黨派活動的一般公民；或是，平常不會想對他人採取暴力手段、或擁有參與犯罪想法的這一群極為普通的人們，這些人以告密的形式來舉發猶太人；以及，明明看見對猶太人的蠻橫行為已遠遠超出分際，卻裝作沒有看到的人們。無論是何種形式，他們都參與了這場暴行。就連遭到殘害的猶太人本身亦然，有一部分的人討好納粹藉以逃離受難，或者是為了拯救對於自己重要的人，而協助納粹揀選被送往集中營的對象，或協助移送集中營，不管理由是放棄或者絕望，他們就是依從了納粹的指示。

無論意圖為何，參與納粹暴行的大多數人，恐怕失去了他們原有的正當情感、感覺，以及正常的判斷力。納粹的暴政並不只是壓迫猶太人或部分少數群體、反對派，還藉由抹殺猶太人的運動而奪取了多數人的人性。在這層意思上，納粹做出的行為就是破壞了讓人之所以為人的基礎。鄂蘭為這種人類破壞現象命名為「極權主義」。

作為「運動」的極權主義

「極權主義」這一詞，一般會用於希特勒的納粹德國或史達林時代的蘇聯這類政治體制，將獨裁者作為領袖景仰，政黨具有排他性的意識形態，以此為基礎來支配人民。從政治學的角度，透過單一政黨的軍方與官僚統治，或透過大眾媒體等社會、經濟一元性全面支配是判斷的指標。但鄂蘭卻認為，極權主義的特徵最為看重「運動」。強化實行並牽連大量國民的「運動」，當極權主義掌握了政治權力而成功時，舊體制的官僚或軍事、政經界的領袖等，就會肅清不順從的人事物，澈底鎮壓在野黨派的反抗。基於排他性的意識形態，被視作敵對勢力的團體便會遭到逮捕並送至集中營。這樣的統治，影響至社會各個角落，因經濟毀滅與自毀性的戰爭，自身體制也終究崩毀。在猶太人集中營所進行的大量虐殺，便是這一行為的巔峰。

因「極權主義」而遭到破壞的，不是只有敵對集團或受統治的階層而已。在極權主義體制內，單一政黨或國家的各種機關之間競爭或對立也時常發生。以軍隊或警察為首的各種行政或經濟管理的部會裡，於同一種領域設立多個黨政機關或行政機構展開競爭與對抗，國家體制內存在的權限分配或職責分擔便會分崩離析。有效率的行政與權力並無互相制衡，而圍繞在領導者周圍的權力爭奪則加劇了混亂。極權主義的運動會毀滅國家本身。

就這樣，極權主義摧毀了人類一直以來的生活基礎、現存的道德規範，還有以傳統為首的一切事物。而自由主義、保守主義或社會主義這類以往的政治思想或意識型態已不受用。

「我們現在所處的世界裡，一切現存事物失去效力。而人類該如何與這樣的世界連繫和建立關係？」這即為鄂蘭的提問。

極權主義會捲土重來嗎？

極權主義並沒有消失，也不算遙遠。

就如希特勒統治的納粹德國，因為二戰打了敗仗而崩解。極權主義另外一個代表就是蘇維埃政權的俄國史達林體制，也因史達林逝世而改變樣態，由於「柏林圍牆」倒塌，共產主義的體制隨之垮台。無論納粹或史達林的體制，都是由好幾個歷史因素或事件積累而出現的。

然而，造就極權主義的各種因素即使在現今也仍持續存在。以全球化之名進行的事物、金錢、跨越國境的移動與交流，使得經濟差距擴大，民族、種族之間的對立也隨之不斷產生。科學與科技的進展及與經濟聯手也正進行著，並持續改變人們一直以來的生活方式。在這樣的狀況中，「極權主義」不僅改變了樣貌，再次登場的危險反倒正在擴大中。

例如，政府隱瞞國民所需要的資訊，行政機關隱匿或竄改相關文件資料等事件頻傳。民間企業隱匿或竄改應該要對顧客與消費者公開的資訊，這類事件也在日常頻繁發生。對於資訊之隱匿或虛假消息的不信任感，也會波及應該監視這類事情並傳遞給公眾的大眾媒體或在野黨。報紙或電視等報導因偏頗的立場，企圖傳遞錯誤資訊這類指責屢屢出現，批判政府的在野黨，同樣做出不正當的行為或腐敗醜聞頻傳，也很常見。人民對於政治或大眾媒體不再感到信任，透過網路或其他傳遞資訊的工具，將不實的資訊或傳聞迅速擴散開來。煽情的意見或猜想臆測源源不絕冒出，「會不會有人在背後操控」、「是誰得到了便宜」這類陰謀論，在背地裡四處竊竊私語。

對政治的不信任、對社會的不滿擴大，在未來不可預見的狀況裡，煽動人們彼此之間的不信任感或不安感的領袖登場了，極權主義的運動基礎看似正在形成，牽連廣泛。網路等科技的發展，或許造就了嶄新形式的極權主義出現。

鄂蘭的思想在現今各處受到矚目，閱讀其著作，也是正面迎向她所說的「極權主義」這種現象，並且從中產生自己的思考。閱讀鄂蘭，會讓人思考為了對抗極權主義，人類應該有的狀態。

那麼，極權主義到底為何物？造就這種現象的原因究竟為何？我們對此該如何面對？讓我們循序看下去。

第一章

反猶主義的起因

逃離納粹的迫害

漢娜．鄂蘭一九〇六年在德國漢諾威的猶太中產家庭出生。在馬爾堡大學師從海德格、海德堡大學師從雅斯培，學習哲學。撰寫博士論文《愛與聖奧古斯汀》（*Love and Saint Augustine*）後，她則寫了一名猶太女性哈赫．瓦哈根（Rahel Varnhagen）的傳記，瓦哈根於十九世紀初的柏林，主理浪漫派文人所聚集的沙龍。

納粹於一九三三年掌握政權，鄂蘭與她的母親害怕受到迫害，一路從布拉格經由日內瓦逃往巴黎。鄂蘭在巴黎時，協助要於巴勒斯坦復興猶太人祖國運動的「猶太復國主義」。從那時起，鄂蘭將猶太人的問題當作是自己的問題，開始認真思考自己作為猶太人的存在意義，以及何謂猶太人。

鄂蘭後來雖然與猶太復國主義運動漸遠，但她對讓猶太人登上政治場面的猶太復國主義有著高度評價。第二次世界大戰中，鄂蘭支持猶太人揚起自己的民族大旗，與聯合國合作，組織猶太軍隊，從這件事來看就會知道鄂蘭思考模式的特徵，是重視在公共場合展示自身存在的政治活動。

二戰開始時，一九四〇年五月德軍逼進巴黎，法國政府將逃亡的猶太人作為敵國人民集中收容。鄂蘭因此被移往靠近庇里牛斯山的戈爾斯難民營（Gurs internment camp）。六月，法國被德軍制伏，因德軍占領巴黎導致一片混亂為契機，鄂蘭逃出了難民營，越過西班牙，一路航行至美國。一九四一年五月抵達紐約後，她於一九五一年取得美國籍，在這段期間，鄂蘭以逃亡猶太人的身分開始寫作，投稿至猶太期刊《*Aufbau*》、季刊《黨派評論》（*Partisan Review*）等雜誌，並在柏克萊、芝加哥、普林斯頓、哥倫比亞等大學執教。其對作為「無國籍者」的經驗之思索成果於一九五一年集結成冊，即為《極權主義的起源》。

何謂猶太人

《極權主義的起源》亦是一本向猶太人的自身存在提問的著作。所謂猶太人是什麼？猶太人並不是單純受到歧視、一般的少數群體。對於猶太人的歧視及偏見，和他們在歐洲國家與社會上占據的獨特位置有關。

十九世紀在歐洲形成的民族國家，是以階級或階層區分國民為基礎的國家。民族國家並不是以平均單一的「國民」成立的。以法國為中心的西歐主要國家，共享語言及文化的「民族」大多以此形成主權國家的「國民」，而歐洲中也有例外。多數情況下，階級或階層的區分與民族或宗教、宗派的區別會有重疊之處。

猶太人不同於其他民族，是在這樣的民族國家之外成立的「異邦人」。他們並沒有進入到構成民族國家的階級或階層中，反而存在於民族國家之外，發展為於國與國之間仲介的金融業者。以羅斯柴爾德家族為中心的猶太人金融業者們，從國家的資金調度、提供戰爭的軍用資金，透過安排談和時的賠償金等獲得財富的同時，各國也利用了他們透過國際網絡所獲得的金融資產或資訊，從而形成了共生關係。猶太人金融業者們以異邦人的角色在各國占有重要地位。

由於金融產業往上晉升的猶太人二代，則走入了作家、記者或知識分子的世界。他們時而把大眾對猶太人的偏見及歧視逆向操作，強調與他者不同的「猶太人」其獨特性，在上流階級的沙龍受到接納。以這層意思來說，他們的存在確實承擔了歐洲共同文化的一部分。

因民族國家解體而產生的反猶主義

當然因此翻身的猶太人僅占極少部分，猶太人之間同樣也存在著經濟上的落差與階級間的對立。雖然都被投以偏見的眼光，但在同化至公民社會的西歐猶太人與東歐猶太人之間，存在著更為嚴重的階級落差與認知上的懸殊。這種民族內部存在的經濟落差與階級對立，在其他民族也同樣會發生。不同的是，猶太人這個民族的存在本身就處於民族國家的外部，扮演著國與國之間的媒介角色。

希特勒出身於奧地利所屬的奧匈帝國。該國由各個民族所組成的多民族國家，包含德意志民族、匈牙利的馬扎爾民族、捷克與克羅埃西亞等地的斯拉夫民族。但猶太人和其他各民族不同，是專門藉由金融業等交流與王室建立良好關係，而占有特權地位。「媒介歐洲各國系統的猶太人」勢力在帝國之內就這樣凝聚而成。格奧爾格・馮・舍納勒（Georg Ritter von Schönerer）被視為近代反猶主義的先驅，其泛日耳曼主義以及卡爾・盧格（Karl Lueger）的基督教社會黨在奧地利維也納誕生，希特勒從他們的運動承繼了許多事物絕非偶然。

十七世紀中葉，在歐洲形成的主權國家系統中，對於一定的領土有著排他性支配權——即所謂「主權」——因國家相互承認而成立。國家對彼此的內政並不干涉，而國家之間產生糾紛時（包含戰爭），為尊重解決的規則，且為了維持國家之間關係的穩定，就需要媒介存在——即為基督教的文化基礎，以及組織因宗教改革而分裂、跨越國境的信徒們的教會，特別是與羅馬天主教教會、世襲君權的王室連結，還有猶太人的國際網絡。

十九世紀末「反猶主義」興起，是支持民族國家的這些媒介系統開始解體的結果。法國是西歐民族國家的典型，最明顯的徵兆，是針對巴拿馬運河的開設而產生的金融醜聞。

連結地中海與紅海的蘇伊士運河開通（一八六九年），為西方世界與中東、亞洲的交通與地緣政治學的狀況、帶來巨大轉變的法國前外交官雷賽布（Lesseps），接著在一八八〇年，著手開鑿連接大西洋與太平洋的巴拿馬運河。工程因技術性問題、黃熱病肆虐與資金困難等理由陷入難關，巴拿馬運河公司在一八八八年發行附加福利的債券，但仍宣告破產。一八九二年債券發行之際，卻發現這間公司為了獲得政府認可，賄賂多位議員，運河公司的破產導致大規模冤獄事件。仲介議會政治家與運河公司的不是羅斯柴爾德等猶太系金融資本，而是雅克．賴納赫（Jacques Reinach）與康尼利厄斯．赫茲（Cornelius Herz）這些新興猶太金融經紀人。在之後的屈里弗斯事件（Dreyfus affair）中率先支持屈里弗斯的政治家喬治・克里蒙梭（Georges Clemenceau）也被懷疑有所關聯，而於議會選舉中落敗。

運河公司從多數小額投資者所收集到的資金，高達十三億三千五百五十三萬八千四百五十四法朗（十九世紀法朗的價值相較穩定，一法朗約為一千日幣。考慮到戰後日本的物價升騰，或許更高）。失去了手中僅有資產的中產階級，其批判及不滿，可不只針對運河公司或貪汙的政治家，也轉向了在金融醜聞背後暗中活動的猶太人。在這裡指的是，由於支持國家穩定的金融、資金調度的系統已經歪斜——受到擁有特權的羅斯柴爾德家族等支配——因而腐敗浮上了檯面，形成「猶太人在國家或經濟的背後操控」這種印象。因此，造成「反猶主義」的「屈里弗斯事件」於政治舞台登場。

煽動對立的屈里弗斯事件

一八九四年，法國參謀總部的猶太人軍官阿弗列．屈里弗斯（Alfred Dreyfus）被指對德國有洩露情報的嫌疑而遭到逮捕，被判處終生流放。一八七〇至一八七一年的普法戰爭後，阿爾薩斯被併入德國，而屈里弗斯正是阿爾薩斯出身。住在此地區多數的猶太人對於法國的歸屬意識強烈，但屈里弗斯卻被懷疑是德國間諜。

事件本身是軍方內部的冤罪事件，洩露情報的犯人很明顯另有其人，但之後成為首相的克里蒙梭支持屈里弗斯的再審請求時，卻釀成一波群眾運動，因此演變成國內輿論兩派對立的事態。以傳統反猶主義的耶穌會（Societas Iesu）為首的天主教會，以及軍方等保皇派皆反對屈里弗斯；而由中產階級與勞動者所支持的共和派勢力則力挺屈里弗斯，這種形式再次呈現了法國大革命以來——保皇派與共和派之間的對抗。由此可見控制反猶主義運動發展的，是古典的民族國家框架。

普法戰爭導致法國戰敗，拿破崙三世的第二帝國崩解，從敗戰的混亂中，由巴黎公民與勞動者組成的自治政府巴黎公社（Commune de Paris）相當短命，就如同其登場的事實所呈現，法國的民族國家體制已開始受到動搖。戰敗後再建立的第三共和體制，其基礎脆弱，過去保皇派相關的保守派及教權主義的天主教教會的勢力，是打算採取議會制民主主義的體制轉變為威權主義的統治，甚至盡可能復辟君主制度。雖然他們的計畫最後破局，但造成針對屈里弗斯事件與其後持續的政教分離政策的對決，體現於法國大革命以來、以共和主義（編註1）為主的克里蒙梭派激進黨需擔負起責任。法國頑強地留下革命理念的訴求，是以保皇派及教會、軍方為主的「反共和派」，與中產階級或勞動者為主的「共和派」，使十九世紀民族國家的古典對抗軸心復活。在這過程中，支持共和制的中產階級與勞動階層捨棄了反猶主義。

鄂蘭將根植於傳統基督教的猶太歧視，與納粹以殲滅猶太人為目標的反猶主義兩者區分開來。真正的反猶主義，是民族國家基礎的階

編註1： 共和主義的中心概念是集體利益（或公共福祉）而非私人利益；主張應平等地對待別人和自己，不同於自由主義以自己的利益和喜好為出發點。

級、階層編制受到動搖才隨之登場。而帝國主義的開展，正是歐洲的民族國家系統走向解體的原動力。

第二章

「大衆」登場

帝國主義是民族國家解體的原動力

資本主義源自十九世紀初的工業革命，經濟的發展將民族國家從國家的內部推垮，真正超越西方民族國家的系統框架，但一八八〇年代起，歐洲列強競爭，瓜分非洲（Scramble for Africa），將其作為殖民地，這場「非洲爭奪戰」促使帝國主義開展。

資本與其推手的資產階級原本就擁有破壞民族國家的性質。資產階級原是歷史上最早的階級，他們取得了經濟上的優勢，卻無支配政治的野心。他們當初將政治方面的決定交由國家，但國家的制約卻阻礙了資本主義經濟的發展，於是，資產階級開始突破民族國家的框架。

在這層意義上，帝國主義可說是「資產階級的政治解放」。

英國自由主義體制的代表政治家格萊斯頓（Gladstone），完成德國民族統一的俾斯麥（Bismarck），在屈里弗斯事件率先支持共和體制的克里蒙梭等，上述這些政治家們目標各有不同，但總的來說，他們對於帝國主義政策的開展採消極態度。

例如，俾斯麥在一八七一年雖先拒絕了因普法戰爭所取得的亞爾薩斯—洛林領地與非洲的法國領地交換的協議，但於一八九〇年的黑爾戈蘭—桑給巴爾條約中，交換了北海的黑爾戈蘭與東非的桑給巴爾，將東非維圖蘭（Wituland）的權益讓渡給英國。如此一來，德國就從英國獲得黑爾戈蘭這座位處海上出入口的島嶼。黑爾戈蘭島在國防上相當重要，但代價就是需要承認英國在東非桑給巴爾地區的統治。法國的克里蒙梭在一八八〇年代反對帝國主義所主張的向埃及派兵，其後三十年，因與英國同盟，而將伊拉克的摩蘇爾油田割讓給英國。關於英國對埃及的統治，格萊斯頓表現的態度消極，為此而受到埃及總領事且為帝國主義政策的推進者、克羅默伯爵埃弗林．巴林（Evelyn Baring, 1st Earl of Cromer）嚴厲批判。總的來說，鄂蘭表示，克里蒙梭與格萊斯頓等人之所以對於帝國主義政策如此消極，原因是他們察覺到了危險，倘若跨越國境的資本無限擴張，民族國家的基礎就會慘遭剷除。

迴力鏢效應——殖民地的掠奪反彈至本國

因帝國主義導致民族國家的毀滅，不單單局限於超越國境框架的經濟發展，以及連帶發生的經濟掠奪，這種破壞也會反彈至民族國家本身。在國外公然呈現的露骨掠奪與暴力鎮壓，最終也會反彈至國內。英國的經濟學家霍布森（John Atkinson Hobson）在其著作《帝國主義》（Imperialism）提出警告，對於海外殖民地的政策，總有一天也會對本國造成影響，自由主義的政治體制也會被剷除。而鄂蘭便是受到霍布森論點的影響，稱之為帝國主義的「迴力鏢效應」（編註2）。

在二戰與極權主義造成破壞之後，民族國家於歐洲再次重組，擴

編註2：Boomerang Effect（迴力鏢效應）為心理學術語，描述人類行為所導致的結果卻和預期目標相反，引發「適得其反」的情感落差；如同迴力鏢，拋出去又飛回原來方向。鄂蘭用此描述帝國主義侵略世界各地，結果卻反彈回到帝國境內。

大至世界各地（之後再述）。原為殖民地的亞洲、非洲各國紛紛獨立，十九世紀末的典型帝國主義、西方先進國家對殖民地的露骨掠奪等，表面上看起來已經消失，不過隨著全球化的發展，資本與人們皆能跨越國境移動，導致過去西方先進國家與殖民地之間存在的壓榨及掠奪、歧視或差距擴大的狀況也影響到國內，且至今仍持續發生著。

與國籍無關的人力、物質資源往大城市靠攏，在此所進行的經濟革新並沒有國境的區別，導致周邊地區與社會、經濟上的落差逐漸產生。享受財富集中的利益並且行使政治、社會影響力的人們，並不限於國民的上層。就算是外國人，只要有能力、有財力或以其他手段抓住機會的人們也能加入。不屬於此階層的人、被排除掉的人、落魄的低所得者，不僅憎恨部分特權集團，也同樣厭惡從事無資格條件、沒有人脈關係的大量外籍低薪的移工或移民。排斥外國人及少數族群，是在資本主義擴及全球、隨之而產生的財富集中，以及貧富差距擴大等背景下產生，而不單只是對異文化或異族的歧視，還有對外的、軍事上的緊張所帶來的民族主義（Nationalism）。在今日，帝國主義與「迴力鏢效應」的問題更為嚴重，並且迫在眉睫。

「大眾」是分裂的人群之集結

從民族國家的解體中所誕生的就是「大眾」。

如前所述，民族國家並非單一且均質的人類集合體，而是基於職業、身分等不同階級或階層的群體所組成。這些群體的複合體形成了國家，或是因國家形成的意志而結合，形成了「國民」。一個國家的階級或階層集團的形成或區別，會因國家或地域有所不同，有時則因宗教、教派的相異或是民族、人種等群體的區別而重疊。工會等利益團體會吸取每個群體的經濟和社會生活的需求，而從這些群體收集選票的政黨則會將之彙整，並反映給議會等代表機構。階級和階層的構成、政治代表的組織方式以及與行政和司法部門的關係，構成了各國政治體系的特徵。

帝國主義的原動力是擴大源源不絕的利潤以及追求資本積累的運

動，讓民族國家基礎的階級與階層解體，因金融危機或恐慌導致中產階級失去資產而落魄，因不景氣造成勞工失業。人們被趕出了他們所屬的群體，也被迫與他們的職業、經濟和社會生活所依賴的群體剝離。從十九世紀末出現的反猶主義運動的基礎，便是這群脫離階級和階層群體的民眾和滿街的暴民，以及無法從第一次世界大戰從軍體驗回歸至舊有社會或職業的大量人們，由這些人一起組成納粹或法西斯的核心族群。

然而，即使納粹運動的多數領導者具有「暴民」的特徵——被既存體制與社會排除在外的無名怨憤（Ressentiment）（編註3）或憧憬暴力等個人病因。而被動員並組織運動的多數「大眾」，則是與這樣的犯

編註3：無名怨憤（法語：Ressentiment），是尼采著作中的一個關鍵概念，指經濟上處於低水平的階層對經濟上處於高水平的階層普遍抱有的一種積怨，或因自卑、壓抑而引起的一種憤慨。

罪性質或病因無關的「普通人」。若要說他們唯一不普通的一點就是：「甚至對自己本身也漠不關心」。

遭到極權主義運動波及的人們，就算看到外部人士所加諸的暴力，也不會受到良心苛責。不僅如此，即使犯罪行為轉向同為運動當中的同志，對於受害者只會採取冷淡的態度，或者，就算暴力轉向到自己身上，他們也只會順從地成為受害者。

民族國家的階級解體，會導致大量的人們遭受孤立。被職業或經濟生活所屬的群體分隔開來的個體，對彼此毫不關心，任誰也不會考慮誰，不在乎任何人而生活著，終究也會變得對自己的一切毫不在乎。就這樣，「自己什麼也不是，隨時隨地都可被替換」的感受變得普遍。這種互無關係也毫不關心彼此的人類之集結，鄂蘭稱之為「大眾」。比起與「民眾」或「人民」等同義詞，「大眾」這更近於英語中「Mass」所意味的「群聚」或「累積」。互無關係的人們靠攏，一團團地堆積起來，即使物理上接近也互不知曉、冷眼相待，就算曾經待在身旁的人不見了也不留意。擠滿人的電車或繁雜的城市是我們日常所見的光景，而這與被押入貨車送往集中營的猶太人之間的距離，可能不如我們所想像的那樣遙遠。

完全赤裸的人類——剝奪法律的權利

民族國家的解體，不只剝奪了人們因階級、階層的歸屬所享有的職業、經濟生活與社會的聯繫，就連因國家而受到保障的公民權、法律上的保護也被剝奪。因第一次世界大戰的影響，民族國家體制崩解，導致產生大量的難民潮，還有國籍遭到剝奪、失去公民權而沒有國籍的人們。法國大革命的《人權宣言》（*Déclaration des Droits de l'Homme et du Citoyen*）提到：「人皆生而自由，於權利方面皆平等。」但實際上，民族國家解體後所呈現的「自然狀態的人類」，在法律上的一切保護皆遭到了剝奪，成了完全赤裸的人類。而民族國家的解體則揭示了，若無一定形式且具法律保護的實際機構或制度，人們將停留在無權利且沒有防備的狀態。

第二次世界大戰造成破壞後，重新建立民族國家的系統也有其因。當然不是原封不動地恢復為十九世紀的歐洲民族國家，而是在曾作為殖民地、於歐洲以外的地區，藉由民族獨立運動成立民族國家。因戰爭破壞與大量難民，還有隨之出現的無國籍者等被迫遷徙的人們，促成東西方的冷戰體制，暫且箝制住民族間的紛爭或地區對立。但「柏林圍牆」的倒塌與全球化的進行，直至今日，再度令民族國家的架構開始動搖。

導致民族國家系統真正解體的第一次世界大戰結束後，大眾現象變得顯而易見，失去了現存法律或群體所保障的權利，「大眾」成為無所防備的存在，極權主義便是在這樣的背景之下誕生。

第三章

極權主義的構造

「暴民」與菁英的角色

「大眾」是極權主義運動的主要構成因素，但四分五裂的「大眾」無法組織他們自身。極權主義這項運動為了動員廣泛的「大眾」，需要能夠促使他們集合起來的觸媒。

大多數極權主義運動的中堅分子，是早期從民族國家中的階級分離出的「脫離階級分子」，其中的「暴民」。因階級社會本身解體而陷入失去方向狀態的「大眾」，對任何事都毫不關心，相對的，暴民則多數對現存體制或社會有所不滿，他們意圖反叛、渴望權力，著迷於行使暴力的欲望。尤其第一次世界大戰誕生出許多親身體驗到戰事中大量殺戮的「塹壕世代」（編註4），殘酷的戰鬥與殺戮經驗，往往使他們很難回歸到正常的社會生活。如同希特勒那樣，很多人將這樣的戰爭經驗視作是從以前的社會或傳統中「釋放」出來。納粹或法西斯運動的領導者中，有多數是由一戰而誕生的大量「暴民」所組成。

另一方面，舊社會的菁英階層，特別是知識分子或文化界人士之中，也有人對於納粹或法西斯運動的主張有共鳴。他們對於傳統的價值或規範抱持嚴重的懷疑。「行為主義」（編註5）的意義不在於特定的目標，而在於運動本身、行動以及隨之而來的破壞，行為主義吸引他們加入極權主義運動。十九世紀末，認為「在這個世界裡沒有一項事物有意義、有價值」的虛無主義（Nihilism）盛行，而迫在眼前的死亡

編註4：塹壕戰在第一次世界大戰中的西線戰場造成許多傷亡。

編註5：心理學理論，主張研究人類行為應與研究動物行為一樣，利用客觀測量，解釋環境與行為學習之間的關係，不探討意識與一切內在心理歷程對行為的影響。

以及戰爭所帶來的破壞逕自持續著，這樣的戰場經驗讓這類思想或氛圍更添真實感。

不重視特定綱領或政策目標的極權主義特徵，也以「行為主義」帶來的運動傾向為基礎，而不是政治世界常見的「投機主義」（編註6）。極權主義運動需要絕對的忠誠，這是其他政黨無法比擬的。菁英與大眾之間的區分已經消失。菁英是「隨時可以被取代的大眾」，他們不過就是隨時可被替換的存在。對極權主義運動來說，擁有獨自的意志或思考的人類是沒有用處的，任何特定的綱領或政策方案，即使是一個無法實現的烏托邦，也有可能產生意見和異議。正是如此，希特勒或史達林禁止黨的政策程序之討論，實際上他們對黨的綱領也不予理睬。

編註6：一種有意識的策略或行為，通過利用形勢來自利肥己。

當時，對於拒絕舊社會價值觀、旨在破壞一切既有事物的知識分子或文化界人士而言，暴民所犯下的犯罪行為或暴力，其運動展現出的破壞衝動，是拒絕舊有資產階級社會的道德或偽善這種「具有勇氣的行為」，以及看成是呈現「嶄新生活態度」的表現。然而，他們所讚揚的前衛藝術或思想的激進主義（Radicalism），與極權主義運動的領導者如希特勒或史達林庸俗的藝術觀格格不入。然而，當極權主義運動占上風時，這些知識人或文化人卻是首先遭到排除的。

在嚴重危機的時期，從現存價值觀的破滅或目標喪失之中，不斷誕生出對於「行為主義」的誘惑。但這些行為所帶來的暴力或破壞，反倒成了對既定事物做出反抗姿態的知識分子或文化界人士，猶如知性活動或美學時尚般的遊戲。

喪失「世界」的真實感

人生在世，如何作為一個人生存下去，需要方針或路標——「自己從哪裡而來，現在處在何方，接下來要往哪裡走」。為此，就必須能在這個世界裡看清自己的位置。透過日常的生活經驗，不斷確認自己的方向，如此一來，就會賦予「世界」與真實感。

然而，這群四分五裂的大眾，被切斷了與他人之間的關係；以往，在他們沉默時，其依歸的群體還能給予習慣或是傳統這類指引的方針或座標，但卻澈底受到剝奪。而這結果，便是喪失了「世界」的真實感。

「他們不相信眼前所見到的事物。他們不相信自己經歷過的真實。他們不信任自己的所見所聞，只相信想像力。如果他們的想像力既普遍又一致，那麼任何事情都能迷惑他們。能讓大眾信服的並非事實，更非虛構的事實。他們只相信他們將成為體系其中一部分的一貫性。重複的重要性屢屢受到高估，這是因為人們普遍認為，大眾的理解能力和記憶力較差，但重要的是透過不斷重複，最終讓大家相信這種一貫性。」(原註1)

因階級社會解體而被澈底剝奪立足之地的大眾，甚至無法相信自

原註1：引用自《極權主義的起源》（*The Origins of Totalitarianism*）第3卷（以下註記的文獻詳細內容請參照本冊的書單介紹）。

身經歷。即使在物理上距離相近，也因為彼此毫不相關、漠不關心而孤立，彼此之間無法形成共同的「世界」。如果沒有意識到自己待在所屬的「世界」，在「世界」中的生活有所感知，那麼也不會將自己所見、所經歷過的事認為是「真實」。在「世界」裡失去了歸屬的大眾，會試圖逃離自己已經無法適應的世界——那個對自己而言已是「虛假的世界」。

極權主義便是利用大眾的想像力，對於這個世界與他們所受的際遇，給予頭尾一致的解釋：「這個世界之所以如此難以生存，就是因為猶太人和部分特權階層的問題，他們才是在這個世界背後操縱一切的真凶。所以只要打倒他們，你目前的處境就會有根本上的改變。」

不管這有多荒誕無稽，會相信這種解釋的大眾並非愚蠢，反倒是因為他們有想像力，而尋求能夠讓自己有所依歸的一致性方針。若從這點來看，批評極權主義透過假消息和洗腦來控制愚昧的大眾，則是誤解了極權主義的本質。如果大眾無法重新拿回自己經歷的真實感，便難以抵抗極權主義的誘惑。

這些常被稱為陰謀論的解釋裡，並不包含與以往不同的新穎內容。極權主義為了要動員大眾而利用意識形態、其世界觀或教義內容本身，大致上借鑑了十九世紀出現的社會進化和歷史發展的解釋框架——例如，納粹的種族理論：「人類存在著由血統或遺傳特徵導致的種族差異，若不受高貴的種族所統御，人類就會遭受劣等的種族汙染而衰頹。」或是，史達林體制的階級論：「遭到壓迫的勞工階級才是形塑新世界的旗手，所以必須打倒壓榨勞工且寄生於社會的資本家為首的統治階級。」

極權主義的特徵不在於這些意識形態的內容，而是在於將孤立無援的個人捲入「運動」本身的特性裡。

極權主義的構造

極權主義經常與「暴政」或「權威主義體制」等混淆，但鄂蘭指出，壓迫性的統治體制與極權主義的區別如下：

相對於權威主義體制如同金字塔，由超越性權威的首領位於頂點，構成層級結構；摧毀了這種層級結構，所有成員都服從一個統治者——在這種意義上，被統治者彼此之間是平等的，具有「平等主義」的特性——這就是所謂的暴政或專制統治。

與這些壓迫性體制相比，「極權主義」的特點在於沒有明確的結構，而是一種破壞結構本身的運動。以領導者為中心，將廣泛大眾捲入的運動體特徵，以圖表呈現則如下頁所示：

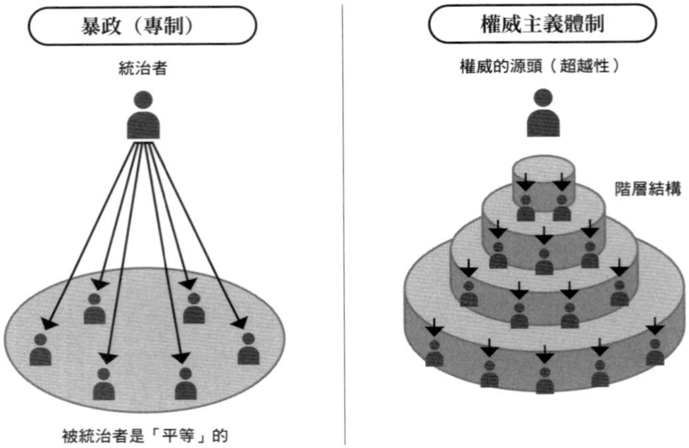

權威主義體制

憑藉超越性權威的源頭賦予一群人權力並加以支配。依據與權威源頭的距離——例如依據對宗教教義的理解程度——形成了一定的序列（階層結構），而於命令與服從之中則存在著一定的規則。統治和行使權力並非無限制、無制約。

暴政（專制）

一個人（乃至一群人）直接統治每個被統治者的制度，不存有統治者行使權力的規則，以及支撐其階層結構與傳統的規範。雖然每個被統治者直接面對統治者意味著「平等」，但被統治者之間並不存有團結的立場。統治和服從沒有明確的規則，每個人都受暴君的專制或反覆無常的影響。在這種情況下，每個人一面受到暴君的專制影響，順應其意願，也會產生無數個小暴君，向他人發出粗暴的命令。值得一提的是，源自古希臘「篡位者」（tyrannos）的「暴君」和亞洲式的專制君主（Despot）在語源和制度方面有所不同，但從近代西歐政治思想如孟德斯鳩（Montesquieu）和盧梭（Rousseau）等人的角度來看，兩者幾乎被視為同義詞。

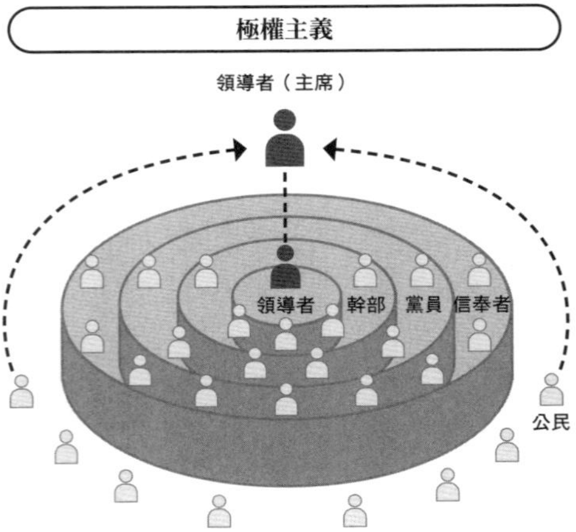

極權主義

以領導者為中心，採取某種階層制度——各階層之間存在一定的障礙——但其特質在於不像權威主義體制那樣採取堅固的階層結構。在這層意義上，比起整齊並排的年輪蛋糕的意象，以中心為主並將成員螺旋狀捲入的蛋糕捲形象可能更符合。

在這些看不見的階層中——各自的階段所看到的世界景象都不同——處於中心的領導者同時以代表整個運動的形式顯現於外界。這經常將極權主義領導者推向類似於「暴君」、「專制君主」或「獨裁者」的地位。由於極權主義獨特的階層結構，自由主義者無法區分其與「權威主義體制」的差異，而保守主義者則將之視為一種「暴政」。而這也是自由主義和保守主義政治思想，相較於極權主義而無能為力的原因。

極權主義的運動體以主席為首，由各個重要的領導者、各級黨幹部和一般黨員，還有支持者和信奉者等團體（掩護機構）圍繞著黨，形成如洋蔥般的多層結構。其特徵是各級領導和機構之間沒有明確的權限分配和邊界，而他們之間的權力鬥爭會產生動力與混亂。在奪取政權後，各種官府部門和國家機構也加入其中，加劇混亂。這裡重要的是，構成運動的各層領導者和菁英、一般黨員、信奉者之間的相互關係。

「運動中各式各樣的異常單位，也就是掩護機構、各種職業團體、黨員、黨官僚機構、精銳組織、警察集團等，這些單位互相聯繫，一面扮演著正面（facade）角色，一面又扮演著中心角色。換句話說，運動的外部層級對內部扮演正常外部世界的角色，而內部層級對外部則表現出極度的極端主義（編註7）。這個系統的重要優勢在於，它使得運

動的每一層級都意識到，這個運動與正常世界不同，也更加極端，同時在極權主義統治的條件下虛構出正常世界。」(原註2)

「謊言與輕蔑」的階層結構

領導層周圍的各級幹部和各種組織構成了多樣化的機構，成為緩衝裝置，保障了與外部世界隔離的「虛構世界」。然而，在極權主義運動中，越是接近核心，對意識形態崇拜的程度就越不會強化。

「在此，尚未通曉訣竅的公民被掩護機構的信奉者輕蔑，容易受騙且不極端的支持者則被黨員輕蔑，而菁英隊伍因同樣的理由輕蔑普

編註7： 指駕馭某件事情到達極限、到達極致，或者是被極端化的性質或狀態。

原註2： 引用自〈何謂權威〉《過去與未來之間》（*Between Past and Future*）。

通黨員，隨著菁英隊伍內新組織的建立和發展，類似的輕蔑階層結構正在形成。」（原註3）

圍繞著黨的支持者們瞧不起無知的普通公民，卻沒有加入激進運動的膽量。當然，要是沒有他們相信黨的宣傳與狂熱支持，黨和其領導者就無法在外部世界獲得一定的信任。

另一方面，黨員不必像支持者和信奉者那樣相信黨的官方聲明。相反地，政治宣傳是在黨內進行的，以勸阻不要相信外部宣傳。「各位黨員具有出類拔萃的理解力，與一般人和信奉者不同，能夠看穿事物的本質。」——以這類的話語激發他們的自尊。而黨員們也清楚意識到內與外的區別。例如，一九三〇年九月，支持納粹黨並以叛國罪

原註3：引用自《極權主義的起源》第3卷。

遭到起訴的烏爾姆砲兵團三名軍官，希特勒作為其證人出庭，他宣布「我們的運動不需要暴力」以遵守合法性；或是，一九三三年五月，在日內瓦裁軍會議因德國重整軍備的要求而陷入混亂時，希特勒於國會上演說：「我們由衷希望在和平與友好中，與其他國家的人民共存。」黨員們明知這是謊言，但仍向欺瞞並愚弄輿論與國家的希特勒送上喝采，進一步增強希特勒的手段和對於他能力的信任。

意識形態，為不相信外部宣傳的黨員提供了思想上的支持。當運動面臨各種現實挑戰，如：社會批評、公民抵抗和敵對對手鬥爭時，必須以極端手段消除和粉碎這些挑戰，而意識形態是能夠一以貫之解釋這些行為的理由。「我們現在面對的，是猶太人和與他們勾結的資本家的最後抵抗，聽到的是他們垂死的哀嚎。」在黨員們眼中，運動的發展及其所產生的抵抗、暴力鎮壓，被視為意識形態預言的實現。

對於位處「謊言和輕蔑的階層結構」核心的菁英們來說，意識形態所揭示的虛構世界與現實之間的差異，早就不是問題。相反地，極權主義的菁英教育要點在於，消除區分現實和虛構的能力。對他們而言，當希特勒宣稱「猶太人是劣等種族」，即意味著這命令「必須殺死所有猶太人」。而能夠毫不猶豫地執行這種命令，即是菁英的證明。

對於生活在正常世界的公民，或是與他們日常接觸的普通黨員來說，即使收到「殺死猶太人」的命令，他們也會猶豫不決。要是沒有具體解釋「因為猶太人是劣等種族，對國家和社會造成了危害」，使他們得以通盤明白，在正常情況下，他們無法做出一般認為是犯罪的行為。而為了將「猶太人是劣等種族」這種宣稱解釋為「必須從世上抹殺掉猶太人」的命令，並且加以執行，就必須消除虛構與現實之間的區別——要抑制真實感，例如：因與現實世界接觸所產生的摩擦、普通公民的譴責以及一般黨員的遲疑不定等。

在針對虛構世界所開展的極權主義運動內部，隨著運動的組織和權力的增長，「虛構」將逐漸成為現實。在此，運動本身為參與者們各自的階層提供了自我認同和虛擬的真實感。當運動失去動力，不再能夠創造虛構的現實時，極權主義便開始走向崩潰一途。

領導者的職務

在極權主義的運動中，領導者的職務也會有變化。極權主義領導者所需要的並非在大眾宣傳中擔任煽動者的能力，也不是官僚式管理組織的技巧。當然在極權主義運動成立時，領導者所需條件是有聚集眾人的傑出能力，但發展到多數人參與運動且運動本身能自動開展階段之際，領導者的個人能力和資質就不再那麼重要。有關極權主義運動裡，領導者所需要的職務，鄂蘭提出以下觀點：

「『領導者』最重要的任務是，在他的個性中體現運動各層級的雙重功能特徵。他既是守護運動免於外部世界侵擾的魔法防護牆，同時也是連接運動和世界的橋梁。領導者代表運動的方式與其他任何普通的政黨領袖截然不同。他承擔了黨員和官員在其公職身分下所採取的一切行為、作為或不作為的人格責任。」（原註4）

極權主義運動獨特的多層結構，使其能夠根據成員的不同層次，將之與外部世界隔離並且保護，但領導者則處在中心位置直接面對外部世界，成為守護者，保護運動所創造出的虛構世界之居民免受外部現實影響。由處在外部世界的人來看，領導者代表著運動的成員，他的言行被視為運動理念和實質的體現。而運動內部的虛構世界，其居民和從外部世界觀察運動的人看法會有不同，但不管從哪一方面來看，領導者都代表著運動並承擔責任。當然，這與代表成員需求和意願，

原註4：引用自《極權主義的起源》第3卷。

並將運動理念訴諸於社會的一般代表完全不同。體現出運動所創造的外部世界和虛擬世界的雙重結構這層意思上，領導者「代表」了運動。極權主義運動中，領導者的存在不可或缺的原因也在此。再者，領導者的角色常常會使極權主義與專制統治、暴政等體制混為一談。

因此，相較於其他體制，暗殺領導者會對極權主義帶來更為嚴重的影響。當失去中心，運動驟然減速，除了運動本身所產生的動力以外，沒有任何依靠的體制則走向毀滅。

然而，正如二戰末期發生的暗殺希特勒未遂事件（一九四四年七月二十日）所示，當暗殺失敗會暫時強化中心團結。暗殺失敗後，就沒有採取任何明確的行動來消滅希特勒。即使希特勒本人已經認知到戰敗是不可避免的，領導層仍然沒有採取行動消滅希特勒藉以結束戰爭。儘管他們也承認大勢已去，也清楚看見希特勒所下達的命令反覆無常，但也許是出於無法向他諫言的絕望，又或許是出於受到如英雄般毀滅的渴望之驅使，與希特勒玉石俱焚的覺悟，他們仍聽從命令行事。儘管個別成員脫離，領導層整體到最後都沒有自希特勒的束縛中解脫出來。大多數國民希望戰爭結束，運動的動力已經幾乎消失，參與運動的信奉者或支持者階層如洋蔥外皮那樣一層又一層地剝落，而領導者一個接一個離開，甚至有時還會處決那些脫隊者，但體制仍然朝著毀滅的方向發展。當德國全境被西方同盟國和蘇聯分割，且在蘇聯軍隊接近首都柏林的元首地堡之際，但直到希特勒自殺的最後一刻，那個空洞的中心仍持續運動著。

恐怖政治——除去內敵

消除或歧視敵對的群體，幾乎是人類歷史上一直存在的現象。極權主義中，「恐怖政治」的首要特徵，是與敵對群體的鬥爭最終轉向自身內部團體，行使舉發和處決內敵。

「恐怖政治」首次出現於法國大革命，其意味著透過暴力威脅或其他手段進行統治。革命領導者們相互舉發對方為敵人，而非針對人民或舊政權的成員，導致領導層不斷更迭，更加激進的派別掌握領導權，並進一步展開肅清行動。

法國大革命的領導層進行自我清洗之後，一九一七年的俄國革命中，布爾什維克黨（編註8）的恐怖政治和肅清行動也依循了前者步伐。他們不是針對反對革命的反動勢力，而是在自己的黨派內部找出與敵人合謀的叛徒，指控其為革命的敵人，透過拷問逼供，令被告承認自己的罪行並高喊「革命萬歲」而遭到槍決，這樣的恐怖政治是革命黨派的領導者與幹部的特點。

納粹的恐怖政治也無例外。正如其名「國家社會主義德意志勞工黨」所示，納粹與其他社會主義政黨一樣，主張打破資本家為首的既得利益者的統治，翻轉政治與經濟體制。其綱領包括：取締不勞而

編註8：布爾什維克是俄國社會民主工黨中的一個派別，由列寧擔任領袖人物。

獲的收入，沒收戰爭利潤，托拉斯（壟斷組織）收歸國有及分配大企業的利潤；土地改革，廢除地租和制止土地投機活動等社會主義要求。納粹從以馬克思主義為代表的左翼理論中吸收乃至剽竊了許多內容，形成其「偽革命性質」，這是納粹與傳統保守政黨、反動勢力不同的一個特徵。納粹的偽革命性質也表現在其恐怖政治上。黨的武力單位，也就是衝鋒隊的領導者羅姆——一度被視為與希特勒地位相當——以他為首的衝鋒隊幹部及納粹左派的格里哥・史特拉瑟（Gregor Strasser）等人遭受拘禁，並在未經審判的情況下受到處決，此為「羅姆政變」（編註9），類似於左翼的恐怖政治中運動領導層的自我清洗。

編註9：發生於一九三四年六月底的清算行動，納粹政權進行了一系列對保守勢力和黨內的政治清洗，大多數被清算的黨員為納粹衝鋒隊成員。

舉發「潛在敵人」

然而，史達林掌權的蘇聯俄國與「羅姆政變」之後納粹體制進行的恐怖統治，超越了以往左翼典型對內賊的舉發。極權主義特有的恐怖政治由此開始。

在極權主義體制裡，由祕密警察所主導的壓制和恐怖統治，在反對派、反體制組織或成員被清除後才真正展開。祕密警察不必監視持有危險思想的可疑人員，也不必透過間諜偵查並揭露激進團體。當作為內部監視目標的敵人已經不存在後，成為鎖定對象的，是無論其是否有推翻體制這類實際行為或主觀意圖，而是從客觀標準來看，任何被視為「潛在危險分子」的人都會列入鎖定範圍。

屬於特定階級、族群或種族的人是體制的危險潛在分子，而為社會帶來禍害的腐敗分子，也同樣會成為監視和拘禁的目標。甚至，即使在原有意識形態上被視為「敵人」的群體被消滅之後，又會依據情況設定新的「敵人」，他們與「潛在敵人」的鬥爭將永無止境地繼續下去。

就如同當時，納粹預計完成滅絕猶太人的任務之後，將準備著手展開「清算」波蘭人。而希特勒也為了德意志民族的「健全化」，計畫消滅所有患有器官疾病的人。在蘇聯共產黨統治下，從清除革命前的舊體制統治階級的後代起，一九二〇年代末期開始的農業集體化過程中，將反抗的農民視作敵對階級的富農（編註10），當成全面性恐怖統治的目標。而在一九三〇年代的「大清洗」時期，不僅是黨和國家高層，甚至一般黨員和廣大民眾都成了恐怖統治的對象。於二戰之前和二戰期間，不論是俄羅斯人、波蘭裔、克里米亞韃靼人還是伏爾加河流域的德國人，都被視為消滅的對象。戰爭結束後，曾經成為戰俘或在西方駐軍過的人也因「有危險傾向的分子」而成了被舉發和監禁的目標。此外，以色列在巴勒斯坦建國後，俄羅斯境內的猶太人也成了目標族群之一。如果史達林體制繼續存在，將會增加更多新的消滅目標。

編註10： kulak，俄羅斯帝國後期（解放農奴後）至蘇聯初期，人們對一些相對富裕的農民階級的稱呼（擁有超過3.2公頃土地，也僱人耕作）。

排除的標準可以隨意更動

如果特定的敵人或異己的排除成為問題，只要限制那些個人或群體的行動，並且驅逐出境或送到集中營，就暫時實現了維持治安的體制目標，至少在表面上應該能夠回歸到「正常」的公民生活。然而，對於「潛在的敵人」，排除的對象可以根據當局的需要隨意擴大。這裡指涉的並非實際犯罪的人，而是將「可能會犯罪的人」預防性地加以拘留並處分，那麼一來，任誰都可能是遭到檢舉的潛在對象，甚至在沒有犯罪或反叛意圖的具體證據，連主觀抱持這種意圖的證據都沒有的情況下，只因他們客觀地屬於某特定群體，就會遭到逮捕。

對特定群體的「客觀」歸屬標準無須科學根據。在納粹統治下，基於種族主義的意識形態，從遺傳特徵、家族血統和其他身體特徵來判定是否為猶太人，並排除那些擁有精神疾病或其症狀與「正常」的心理特質不符的人，至於遭到排除的理由，並非基於生物學或醫學等特定觀點，而是選擇和排除的標準隨意變動。

「因此，在極權主義統治下，嫌疑犯的範圍將涵蓋整個人口。一旦脫離官方命令及不斷更動的標準，無論處在哪種人類活動的領域都會成為嫌疑犯。正因為思考是人類的能力，所以本身在定義上就是嫌疑犯，也是導致心意轉變的能力。而且，由於無法毫無疑問地了解他人的心——透過拷問，這種試圖實現不可能的行為，是永遠令人感到絕望的嘗試。如果任何共同價值或確定的利益並不作為社會性（單純與心理的事物不同）現實的一部分而存在，嫌疑將絕不會解除。因此，互相懷疑的氛圍滲透到極權主義國家的所有社會關係裡，超越祕密警察的特殊限制，滲透到所有地方。」（原註5）

對「潛在敵人」的目標無限擴大、任誰都可能成為遭到排除的對象，在這樣的社會裡，恐怖統治和隨之而來的恐懼對人們來說變得毫無意義。當自己不知何時、在何處會遭到逮捕與抹殺的恐懼變得日常化，人們最終會放棄從恐懼裡逃脫。諷刺的是，極權主義下祕密警察的全面化統治，致使作為驅動人們的有效性手段——「恐懼」消失了。當大眾處在一個迴避恐懼並無法作為保護自身安全的行動準則的世界裡，人們變得像「巴夫洛夫的狗」（編註11）一樣，只對當下的刺激做出反應。而最終，甚至對這些刺激失去反應。集中營所呈現的情況就是如此，人們在成為屍體前就已經是「行屍走肉」。從這層意義上看，就連將集中營比喻成「屍體製造工廠」都還不足以說明。

「慈悲之死」

排除特定群體不一定是因為對該群體抱有歧視或仇恨。只將種族歧視和其他歧視情緒歸因於歧視意識的表達或煽動性言論，可能會對極權主義所進行的恐怖統治與實際狀況產生錯誤的認知。

原註5： 引用自《極權主義的起源》英文版（一九五一年）P402。參照《極權主義的起源》第3卷。

編註11： 形容人的反應不經大腦思考。俄羅斯心理學家巴夫洛夫透過「狗唾液制約反射實驗」，將產生制約行為的學習形態描述為「動物對特定制約刺激的反應」。

例如，在奧斯威辛等集中營所使用的毒氣屠殺手段，最初並非是為了使用在猶太人身上而開發，原本是為了讓患有慢性或末期疾病的病人「安樂死」而準備。一九三九年開戰時，希特勒發布了「對不治之症病人實行慈悲死亡」的法令，開始對嚴重身障的兒童和精神障礙者等實行「安樂死」政策。「讓那些就算繼續活下去也不會有什麼改變的病人，迅速迎接死亡也是為了他們好」，憑著這種想法，納粹在療養院裡設置了稱為淋浴間的毒氣室，截至一九四一年八月為止，約有七萬人因此喪失性命。這種方法連同設施與技術人員，後來都一起轉移到猶太人集中營。

隨著一九四一年德蘇戰爭爆發，在東部戰線以親衛隊（簡稱：

SS）為中心的「特別行動隊」開始告發游擊隊和共產黨成員，同時也進行屠殺猶太人的行動。而逐漸轉變為「毒氣屠殺」的原因，是大量槍決既耗時且對執行射殺的士兵造成巨大的「心理負擔」。為減輕士兵們的負擔，才尋求更為「人道的」處刑方式。

當然，把在納粹統治下使用毒氣室進行「安樂死」形容為人道的「慈悲之死」，只是一種掩飾實際情況的修辭，但值得注意的是，「安樂死」此方式並不是為猶太人而開發。原本並沒有假設「慈悲之死」對於猶太人這樣的「劣等族群」是必要的。所以，並不是先歧視猶太人才考慮規畫以毒氣這種「非人道」的方式加之屠殺。因此，即使消除了對猶太人的歧視意識，也不會阻止事態發展成大規模屠殺。因為導致大量屠殺的極權主義之恐怖統治，是超越對個別群體的歧視或仇恨進行的。

「對那些不值得活下去的生命給予仁慈的死亡」，以此論點展開的「安樂死」問題，包含著對待身障者和精神疾病患者的歧視，應該區分開來。的確，在納粹統治下，絕育及安樂死是根據「應當淘汰患有障礙的人類基因特徵，以保護健全人類的生存和發展」這等優生學思想所進行。納粹在統治上利用這一計畫，而事實上，有許多學者、醫師為了追求權力或自身的研究成果，也積極配合。然而，隨著科學技術和醫療的發展，以及基因操縱等技術的出現，人類對「生命的選擇」觸手可及的現今，正面臨著「何謂值得存活的生命」、「什麼是合乎於人類的生命」等問題。對於這些問題能否給出與納粹不同的答案，或許是阻止極權主義捲土重來的關鍵之一。

祕密警察及互相監視的地獄

因此，若僅關注集中營內發生的大量虐殺和毛骨悚然的「屍體工廠」，就會錯過極權主義真正的可怕之處。

對於逃避鎮壓、潛藏於地下的反體制派，祕密警察利用各種手段，如威脅、收買、利用間諜或線人獲取內情，甚至透過挑釁或煽動揪出激進分子並加以逮捕。祕密警察之所以「祕密」，就是由於他們使用這些不可用於檯面上的非合法乃至違法的方式進行搜索調查。作為防止內亂或顛覆國家的措施，維持治安的對策，這樣的規畫已被各種體制採用，但在極權主義體制中，「祕密警察」則最為突出。

於是，「祕密警察」——一種半「公開祕密」的存在——滲透到社會的各個角落。所有公民都被視作「潛在敵人」，成為受到告發的對象。即使他們實際上沒有犯罪，也會根據一定的類別被分類、被歧視，而符合「潛在犯罪者」標準的人就會遭到隔離。公民必須不斷監督自己，以確保他們不會成為這樣的分類對象，或是在他們之中有沒有「內部敵人」。

不僅如此，在每個人都必須證明自己清白的社會裡，人們必須告發他人以證明自己是忠於體制的公民。在這樣相互監視的社會中，祕密警察以往使用的恐嚇、收買、安排線人等傳統手段會更加嚴厲，所有人們的交流和對話都受到監視和舉報。納粹體制崩解後，蘇聯在納入統治區的東德組建了國家安全部（編註12），成為祕密警察，並且超越蘇聯本土的國家安全委員會（KGB）和納粹體制下的蓋世太保（Gestapo），據說約九萬名國安部員工建組了十七萬名的合作者和告密者。「柏林圍牆」倒塌後所流出的大量史塔西文件裡，收錄了從公民的職業生活到家庭私生活等詳細個人資訊，而這些資訊都是由職場的上司、同事以及家人和朋友等收集而來。

當今網路和行動電話等通訊技術和媒體的發達，為相互監視和告

編註12： Stasi（史塔西），東德國家安全部的簡稱，主要任務是對內政治偵防和打擊黨外勢力，相當於台灣戒嚴時期的警備總部和調查局等情治單位。

發提供了新的手段，澈底改變祕密警察過去所使用的審查和竊聽通訊等手法。透過搜尋隨意對話和通訊中使用的特定用語或語言來建立需注意的人物名單，並根據其對煽動性貼文的反應來識別是否為危險人物。而在稱為應對各種犯罪防範和安全性對策、而設置的監視攝影機或其他感應器內，納入安全檢查系統，標記出因壓力過大而具有攻擊性的警戒人物，於現今是可行的。

透過整合這些資訊網絡，建立一個無論個人意圖或意願如何，揀選出對社會而言是危險的「潛在犯罪者」並加以監視的制度，已然成為現實，而非反烏托邦。可以想像，基於這種技術，嶄新形式的極權主義將會出現。

第四章

極權主義所破壞的事物

那麼，若要阻止極權主義的到來，究竟需要何種行為呢？為了對抗極權主義，重新找回人類本來的樣貌，首先需要弄清楚極權主義究竟破壞了什麼。

「世界」是人際關係網

鄂蘭在著作《人的條件》中，將人類的「活動」（activity）分為勞動（labor）、工作（work）和行動（action）三類。

「勞動」是生產和消費維持生命所需的食物和其他材料的活動。「勞動」完全融入與自然物質代謝的生命活動中，而「工作」指的是，改造自然材料以創造具體物品的「生產」活動。這是一種暫時反抗自然循環過程，並建構人類所居住之「世界」基礎的活動。

「勞動」和「工作」基本上涉及使用來自環境所提供材料的活動，而「行動」的特徵則是人類之間會進行的活動。人類為了生存，這三種活動必須相互支持，但對鄂蘭來說，人類之所以為人，是因為人類有著不同於其他生物或動物的活動，也就是人類會和其他人一起進行「行動」。一個典型的例子就是政治活動，自由公民相互合作，有時也會對立、相互競爭。所謂「行動」，在於它是基於個人意志進行的活動，也由於與他人的相互關係，令行動結果受到影響、導致「無法預測」，這是最大特徵。

「嚴格來說，人類事件的領域是延伸的人際關係網，存在於人類共同生活的任何地方。透過言論揭示『自我』，透過行動開展新事物，都是在現有的網絡中完成，且結果在該網絡中立即可見。透過言論和行為開始的新過程，最終會以新加入者獨特的一生故事呈現，而這也將影響到他接觸的所有他人獨特的一生故事。大多數的行動之所以無法達到最初的目的，是因為人際關係網存在，無數的意志和意圖相互衝突，但另一方面，正是因為它具有超越人們意圖的人際關係媒介的屬性，使得人們只要在網絡中具體從事行動，就像工作中創造出可以觸摸的實體物件那樣，無論其意圖如何，都會自然地『產出』故事。」

（原註6）

原註6：引用自《人的條件》（*The Human Condition*）。

人們透過自己的「行動」與他人建立關係網。行動發生在由無數關係網組成的「共同世界」內，而「共同世界」僅透過人們的行動而存在。

在人際關係網中，人們會按照自己的意圖和動機行事，但他們的預期目標很少實現。因為行動不是與他人完全隔絕的事物，而是在與他人的關係中進行，所以行動取決於他人的反應。一個人的行動會影響他人，而他人的行動又會進一步影響其他人，這種互動無限重複連鎖，而且範圍如漣漪般不斷擴大。每個人所過的生活固然是他自己的生活，但對他本人和社會有什麼意義，取決於超越他本人意圖的相互作用的結果。一個行動的意義直到其結果相對明確之後才會顯現出來，一個人的人生意義，則是當他離開這個世界時才會完全顯現出來。人的一生是人自己創造的「故事」，但講述這個故事的卻不是他們自己。沒有人能夠完全按照自己的意圖塑造自己的人生，這也是行動「無法預測」的特性所帶來的結果。從這個意義上說，支撐著不確定的行動並賦予每個人行動和人生意義的，正是在人們之間所形成的「共同世界」。

「公共空間」與「私人空間」的區別逐漸消失

「共同世界」為了要穩定存在於人們之間，就需要一定的條件和基礎。舉例來說，桌子它不僅連接著人們，同時也在彼此之間建立適當的距離。在擁擠的電梯裡，人們不會相互對視；若直盯著對方的臉，可能會引起麻煩。因此在擁擠的場合，人們會裝作對彼此不感興趣而走過。有了桌子，人們可以停下來與他人面對面，人與人之間相互對視。當可見到彼此的身影，可聽到彼此的聲音時，人們才能確認自己的存在，進行討論，共同行動。因此，「工作」的產物以這樣的形式成了「世界」的基礎。

作為「行動」場所的「共同世界」，每個人都以個人身分展示自己的「公共空間」，每個人都向對方展示自己的模樣。在一個誰都看得到的空間裡，誰都聽得見聲音，人們才能感受到自己的存在和現在所處「世界」的真實性。作為表現空間的「公共空間」是保證「世界」和自己真實性的地方。

「為了毫無疑問地確立自己的真實性、自己作為獨特存在的真實性，以及自己周圍世界的真實性，必須透過表現的空間、言論和行動，信任彼此就在一起。」（原註7）

為了建立這樣的空間，不僅需要椅子和桌子，還需要劃分和支撐空間本身的場所。在古希臘和羅馬，政治場所位於房屋之間的廣場上。被牆壁或籬笆圍起來的房屋內部，是從外部無法看進來的空間，人們在那裡與家人和親密朋友共度時光。「私人」空間是只有特定人群才可以進入的空間，個人的私生活因此得到充分保障，才能在「公共場

原註7：引用自《人的條件》。

所」中展示自己的樣貌，用自己的聲音發言，與他人討論或合作。「公共空間」的存在建立在「應該展示」和「應該隱藏」之間的區別之上。

近代經濟的發展和技術的進步消除了這種區別。曾經以房屋牆壁為前提的通訊方式，如信件變成了電話，而收音機和電視的普及則令人們打開了家裡的窗戶，讓政治領袖如：希特勒、羅斯福透過廣播直接向國民講話。雙向通訊如網路等，消除了房屋牆壁的最後一道障礙。

這種通訊技術的應用消除了公與私的區別。如今，人們在網路和社交媒體上向完全陌生的人傳遞自己私生活的資訊。另一方面，在虛擬的網路空間中，人們可以偽裝成與自己不同的人物。在這樣的情況下，為了維持所有人作為人類相互交流的「世界」和「公共空間」，必須明確區分什麼是「應該展示」、什麼又是「應該隱藏」，也得弄清楚支撐這個區別的基礎在哪裡。如果這樣的區別和基礎消失了，那麼人與人之間應該形成的「世界」及其現實性也會消失。

以判斷力為基礎的常識

人們之間所形成的「共同世界」不斷地更動和轉變樣貌，但要將其作為共同事物繼承下去，就需要一定程度的理解。原本人類的行動只要是針對他人的部分，就必須得理解其意義和意圖，而使這種理解成為可能的基礎的便是「常識」。

本來，「常識」一詞指的是一種更高層次的感覺，統合了人類所擁有的五感（視覺、聽覺、觸覺、味覺和嗅覺）。人類整合從各種感覺器官接收到的訊息，建立自己與外在世界的關係，同時控制自己的內在感官並發展個性。支配這一點的就是「常識」。

形成這樣的「常識」並非個人所能做到。你只能透過別人的眼睛和耳朵才能知道你是誰。透過與他人的互動，人們將自己的各種感官整合成每個人獨有的感受。這也是與他人之間形成一定了解的作業。人們生活在像這樣的理解與不一定被記錄下來的習俗和傳統之中。這也就是為什麼「常識」的英文為「common sense」，也就是「人們共同擁有的感覺」即為「常識」。

「常識」很重要，不僅是因為能夠實現日常理解、與他人溝通，更重要的是，它是判斷事物好壞的基礎。

「常識透過其想像力，能夠在眼前想像出實際上並不存在的事物。正如康德（Kant）所說，它是一種設身處地為任何人著想的能力。有人判斷某事物是美好的，但他們並不是簡單地說某事物對他們來說感覺很好（例如，雞湯對我而言很美味，但對其他人來說可能不是如此），而是在判斷時預先假設了其他人，並尋求他們的同意，因此雖然不一定認為自己的判斷具有普遍性，但仍然期望它具有一定程度的普遍有效性。」（原註8）

人類透過想像不在自己面前的他人、並徵求他們的同意來做出判

原註8： 引用自〈若干道德哲學問題〉《責任與判斷》（*Responsibility and Judgment*）。

斷。康德在《判斷力批判》（*Kritik der Urteilskraft*）中，談論了對味覺、美醜的判斷、趣味的判斷、美感的判斷，但這也適用於善惡的判斷。透過在腦海中想像他人，人們一面詢問是否獲得了他們的同意，一面判定自己的行為。可以說，與自己內心的另一個自己對話，是判斷行為好壞的標準，也是擺脫邪惡誘惑、堅守底線的最後依據。我們與「內在的他者」所進行的對話，無非是人們所說的「良心的聲音」。

當人無法辨別善惡之際

鄂蘭進一步指出：「如果做了壞事，人就得與做了那些壞事的自己共度一生。所以心中另一個自己會說，『拜託不要成為殺人犯，我不想和殺人犯一起生活』。人們之所以不敢做壞事，並不是因為有人在看，也不是因為他們害怕超然的神聖懲罰。全是因為即使沒有人在看，你也正看著自己。」

因此，為了讓這樣「良心的聲音」發揮作用，必須有另一個自己在心裡，成為想像中的他者的模範。即使周圍沒有這樣的人，也必須要有可依靠的夥伴存在。這意味著關於善惡的判斷，問題是要在哪裡找到可以共同判斷的人。

對話的對象不一定得是眼前的人。遠方的人、已經離世的人，甚至是虛構的存在，只要有可以共同判斷的對象，人就能夠假設出對象並與之談話。透過尋求對方的同意、回答疑問和異議，人們思考著該如何行動。當找不到這樣的夥伴時，人們將失去判斷善惡的依據，也會失去確認自己本身存在的依據。

人類之所以為人，是人與人之間有形、無形的連結所形成的「共同世界」。人們只能在「共同世界」中透過與他人的各種活動才能確認自身的存在，透過他人的認可藉以明白我們是誰。要是沒有對事物做出判斷的「常識」，我們與他人的關係便無法發展。

極權主義之所以危險，是因為它破壞了這些人際關係形成的「共同世界」，從而奪走了人們正常的「判斷力」。

人類依據「邏輯的強制」行動——意識形態的改變

一旦每個人都被孤立、失去一切依靠，我們不僅迷失自己的位置，甚至不知道自己是誰。本應在與他人之間形成的「常識」若消失，我們將不再能夠判斷什麼是對錯，我們將不再能夠相信自己的感覺，甚至會懷疑自己是否存在。喪失「常識」，終將陷入這種境地。

近代社會產生了一大批與他人隔絕且內心崩解的人。今天，一群彼此無關、互不相干的人聚集而成的「大眾」，就是我們自己的形象。佇立在熙熙攘攘的人群中，我們不去注意別人，只是為了避免不必要的衝突。當你在擠滿人的電車中被推擠時，你不可能保持這樣的距離。

極權主義的意識形態即是作用於這樣一群分散而孤獨的人們。因此，讓人們有所行動的是「邏輯的強制」。

「人類的精神能力為了確實地運作，不需要自我、他人或世界，也不依賴經驗或思考，唯一可以依靠的是具有自明性的邏輯推理能力。如2+2=4，是無可辯駁且不言而喻的基本原則，即使在絕對孤立的情況下也不能被扭曲。這是當人類失去了在共同世界中體驗、生活和了解所需的相互保障，同時也失去常識時，仍然可以依賴、唯一可靠的『真相』。」（原註9）

構成極權主義運動核心的暴徒和菁英，如果吸引他們的是運動本身的「行為主義」，那麼大眾屈服的是呈現意識形態的「邏輯的強

原註9：引用自《極權主義的起源》第3卷。

制」。納粹種族主義的意識形態呼籲大眾：「種族之間的鬥爭是自然法則。」又或者，史達林政權的馬克思主義意識形態如是說：「階級鬥爭是歷史的必然。」「所以你別無選擇，只能順從這種必然，否則就會被貶為失敗者之一。」

如同 2+2=4 這種數學計算法，是任何人都承認的邏輯，它正是一種無可辯駁強制服從的邏輯，成為已經無法依靠經驗在這世上生存的大眾，能夠勉強指引他們的生活方向。原本意識形態所持有的理念、目標，以及實現這些目標的政治思想內容已經消失了。

在十九世紀的意識形態中，仍然有一種「世界觀」可以告訴人們世界的意義和自己的位置。但當它成為極權主義動員的工具時，意識形態就不再是與世界上其他人共處的指南。意識形態所擁有的實質內容已經被「觀念」的邏輯強制吞噬。

為了對抗極權主義統治的「行動」與「空間」

當然，嚴格來說，2+2=4的數理強制性與種族主義、階級鬥爭的「必然性」在本質上完全不同。

數理邏輯是每個人都必須認同的必然邏輯。雖然計算的快慢取決於個人能力，但只要大腦沒有缺陷，導出的結論就只有一個。相較之下，「種族優越」或「階級鬥爭」的邏輯，是從十九世紀的自然科學和生物演化理論中借用「演化」或「發展」的法則，應用於人類社會的「偽法則」或「類推法則」。然而，鄂蘭表示，即使是這樣的「偽法則」，對於支離破碎的群眾而言，也能成為唯一的依歸。

現今，「種族優越」和「階級鬥爭」等理論可能被認為已經「過時」，但這並不意味著沒有替代的意識形態可能性。例如，基於「所有人作為人類這個種族的個體生而平等」的自然事實，「因此所有人類都必須平等」的論點顯而易見。尤其從同樣的「自然平等」的事實中，也可以推導出相反的邏輯，即「因此，每個人的努力成果都是個人權利，基於努力而產生的差異應受到尊重」。然而，這兩種邏輯都可能成為意識形態，強迫人們服從於「人類社會的福祉」或「人類進步」等偽法則。如果人們停止根據自己的經驗進行思考，屈服於邏輯的強制，那些反對者就會被當作「人類進步的敵人」、「危害人類社會的異端分子」而被排除，這樣的極權主義意識形態就很有可能出現。

然而，這種「邏輯的強制」與數學邏輯的強制或自然法則相比是「既相似又不同」的，正因為如此，我們應該能夠對其進行抵制。

人類並非完全專注於邏輯推理的存在。在多人互動中所進行的行動，有可能不斷偏離基於法則的邏輯推理、預測並產生新事物。人類有開展意料之外之事的能力，可以打破意識形態所帶來的「邏輯專制」。要想反抗極權主義的統治，端看人們透過自己的「行動」能夠創造出多少自由的「活動空間」。

第五章

作爲抵抗所依據的「事實」

對抗極權主義，重新獲得自由的「運動空間」的線索在哪裡？就在我們自己「行動」產生的「事實」中。

將陰謀看作「真實」的時候

極權主義的意識形態，即使是虛構也無法完全欺騙人們。就如「欺騙人們需要在謊言中夾雜少許真實」這句話，為了操控人們的情緒，需要一些將意識形態所創造出的虛構世界和現實連結起來的事實。

「那些不完整、支離破碎的民眾——因每一次不幸而變得越來越容易上當的民眾——所能理解的現實世界的跡象，可說是現實世界中的裂縫，換句話說，雖然被誇大和扭曲，但由於觸及了痛處，因此成了沒有人敢公開討論的問題，沒有人敢反駁的謠言。」（原註10）

納粹極權主義的意識形態利用「現實世界的裂痕」，也就是連接虛構和現實世界的「關鍵」之一——「猶太陰謀」的謠言。「猶太人正在密謀接管世界」的說法似乎有些牽強，然而，羅斯柴爾德家族等猶太體系財閥的確透過金融等手段、對當時的政府和經濟產生一定程度的影響。的確，獲得財富和影響力的第二代上層猶太人，不少人成為著名作家和文化人物，甚至活躍於報紙、大眾傳媒等媒體上。但另一方面，公共機構和媒體往往不願意談論涉及猶太人歧視等等的「敏感問題」。

原註10：引用自《極權主義的起源》第3卷。

從這時起，人們開始以「媒體是否在掩蓋對自己不利的事實，並只報導聽起來好的故事，從而引導輿論走向特定方向」的方式，來協調虛構和自己的真實感受。當公共機構越是否認陰謀的存在，且媒體皆避而不談猶太人這類「敏感話題」時，關於猶太人中心的統治階層陰謀和媒體所掩蓋的傳聞則會傳播得越加廣泛。被認為是揭示猶太陰謀計畫的著名偽書《錫安長老會紀要》（編註13）也廣為流傳，即是因為人們在其中找到某種現實性。

如前所述，十九世紀末反猶太主義盛行的背後因素，有金融醜聞以及涉及政界和官場的腐敗，而猶太金融經紀人實際上也參與其中。因投機而失去微薄財產的中產階級和下層階級的人們，將矛頭指向猶

編註13： *The Protocols of the Elders of Zion*，一九〇三年在沙俄首度出版，原始語言為俄語，作者不詳，其內容描述「猶太人征服世界」陰謀的具體計畫。

太金融資本家有其原因。財富集中於少數特權階級的手上，吸引了那些想要闖入金融界、獲取巨額財富，以及尋求謀取利益的人。他們很容易參與牟取暴利、非法和逃避法律的活動，這對那些既得利益者來說是危險的。捲入巴拿馬運河醜聞的人並不是像羅斯柴爾德家族那樣享有特權的金融資本家，而是試圖進入該行業的新興猶太金融經紀人。這事件揭露了政界和金融界的腐敗，賦予了猶太陰謀這個故事更多的真實性。

今天因全球化帶來人才和資本的國際流動，只是按照資本主義的邏輯追求利潤，而導致社會階層和種族之間的差距擴大，那麼肯定會讓許多人相信陰謀論。

保持「共同世界」的真實性

作為人類生存真正需要的「共同世界」，與陰謀論的世界有著決定性的差異。

「在共同世界的條件下，首先保證真實的、並不是組成世界的所有人類都具有『共同本質』。儘管立場和由此產生的觀點存在差異，但每個人始終關注同一對象這項事實保證了真實性。如果無法確認對象的一致性，即使具有共同的本質，也無法阻止共同世界的解體。而且，大眾社會不自然的標準化，使得人們無法重新回到協商。」（原註11）

原註11：引用自《人的條件》。

保證「世界」真實性的，並不是所有相關的人都有「共同觀點」。如果所有人類都以同樣的、一致的方式看待世界，那麼「共同世界」及其真實性就會崩潰。極權主義正是尋求實現這一目標。

然而，只要每個人都用自己的眼睛看待事物，原則上就不可能所有人的方式都會一樣。在我們所處的世界裡，如果指定時間和空間，物理上不可能有多人同時存在於完全相同的地點，每個人在世界上占據的位置不同，看到的風景也不一樣。並非每個人都從相同視角有著一致看法，而是儘管立場不同，卻都看著相同的對象，這件事才是重要的。只有當我們看到、聽到或觸摸到的對象是相同的，正在討論的是相同事件或其結果時，才能確信我們生活的這個世界真實存在。因此，確保「即使觀點不同，所見景象不同，我們正在看著同一對象」，以及我們共同看到的「事實」確實存在，這就是「世界」真實性所需要的。

斯摩棱斯克檔案所揭示的事物為何

就如極權主義為了將人們帶入其「虛構的世界」中，就必須有「事實片段」作為通往現實世界的通道，因此完全隱匿現實世界中所發生的事實是不可能的。鄂蘭舉出「斯摩棱斯克檔案（Smolensk Archive）」作為極權主義政權捏造事實、系統性隱瞞，實際執行上十分困難的例子。

斯摩棱斯克檔案是在二戰期間，德國軍隊占領聶伯河上游斯摩棱斯克州時，從蘇聯共產黨抄獲的組織文件。在斯摩棱斯克郊區的卡廷森林中，德國軍隊挖出了許多據信是被蘇聯俘虜時遭到殺害的波蘭士兵的屍體。在著名的「卡廷大屠殺」（Katyn massacre），鄂蘭關注的是在斯摩棱斯克發現的一九三五年俄共組織備忘錄，這包括了歷屆黨大會的紀錄、史達林掌握實權前其敵對領導人的紀錄，以及季諾維也夫、加米涅夫、李可夫、布哈林等反對蘇聯並因此被清洗的反對黨分子，他們的演講和文件遭指示抹去的紀錄。

「問題是，那些試圖糾正紀錄的人必須不斷更改他們提供的謊言來代替真實故事，隨著形勢變化，必須不斷更改歷史書籍、替換百科全書或參考書的頁面，抹去某些人的名字並改寫成過去是未知或幾乎不知名的其他人的名字。」（原註12）

為了完全隱匿已經發生的事實，包括不利事實，必須追溯到過去的紀錄，一一清除其痕跡。斯摩棱斯克的黨機構的機密文件顯示，在史達林掌握全權時，對這樣的隱匿工作付出了多少努力。詳細檢討具體的抹去之處，並在機密文件中留下這些執行過程，這一事實本身就說明了該行為的必要性和困難度。

原註12： 引用自〈真相與政治〉《過去與未來之間》。

不可能將事實「完美抹除」

這樣的作業程序本質上永無止境。即使史達林建立了穩固的體制，外部情勢的變化仍不斷發生。

單以俄國與德國的關係來看，兩國在一九三九年八月簽訂德蘇互不侵犯條約，德國入侵波蘭時與俄國是盟友，但當德蘇戰爭於一九四一年六月展開後，德國便成了敵國。對應這樣的變化，外交政策產生轉變，進而改變國內領導者之間的關係。隨著這些變化，黨和國家的官方紀錄不斷面臨修改和更改的壓力。這些更改有時可能涉及黨和國家建立之前的歷史描述，並且當領導層交替、失勢的領導者復職時，就需要恢復已刪除的紀錄。為了隱藏一個事實而繼續堆積謊言，虛構之上又添加了虛構。一旦情況發生變化，就會像沙上樓閣（編註14）那樣傾塌。

這清楚表明，即使像史達林時代這樣的極權主義體制，控制資訊和隱瞞事實是多麼困難。在政治場域中，人類的「行為」本來就「難以預料」，要完美控制資訊來隱瞞不利的事實，在各種強權的體制之中都是不可能的。

從這意義上來談，有時候將政府及其背後的團體控制資訊的企圖，統一批評為「極權主義」，是誤解了事態的本質。「極權主義」作為一種片面且一元性的資訊控制體系，是一種虛假的形象，這其中存在

編註14：日文諺語，乍看覺得很氣派的樓閣，建在容易潰散的沙子上，基礎很脆弱，維持不了很長時間。

著「陰謀論」的陷阱。

不認同真相的犬儒主義

努力完成掩蓋「已經發生的事實」這一不可能的任務後，等待著我們的是什麼？鄂蘭這樣提到：

「經常指出的說法是，由於長期洗腦狀態確實帶來了一種獨特的犬儒主義（Cynicism）。也就是說，無論是什麼真相都不相信，無論明確證實了多麼堅定的真相，永遠不承認它是真相。換言之，將事實真相系統性和全面地轉化為謊言，帶來的並非謊言被接受為真相、真相被貶為謊言這樣的事態，反倒是我們在現實世界中確定自己方向的感覺遭到破壞——亦真亦假即為這樣的心理手段之一。」（原註13）

當隱瞞和虛構的揑造一再發生，先前被視為真相和事實的事物突然無故被否定，在這樣的情況下，「沒有什麼是真實的」這種犬儒主義的態度就會蔓延。而且，這並不像那種把自己置於安全地帶，嘲笑那些對謊言感到困惑的人那般簡單。這是一種獨特的態度，即使自己也被捲入謊言漩渦中，對於任何具有說服力的真相，任何確信的事實，也永遠不會承認為真實。如果人們長期受到洗腦，生活在極權主義的「虛構世界」裡，這種犬儒主義就會普遍存在。

原註13：引用自《過去與未來之間》。

失去依歸的可怕之處

產生這樣的結果是將完全失去方向。與固執相反，「什麼都不相信」的態度讓我們沒有可以依歸之處。我們所遇到的人事物「是真還是假」的標準，無論其多麼粗糙或模糊，也是指示人們當前行動和自己前進方向的依據。一旦拒絕「真實」和「虛假」的標準，就會難以確定自己所處的位置，甚至所面對的方向，最終可能使自己的存在變得可疑。事實就是堅定地存在，僅僅這點就能為人們提供自己位置和方向的線索。即使有人反對事實，也無法否定其存在。正因如此，它才成為確實的依歸。

「事實或事件能作為確鑿的標誌，正是因為它堅定地存在。這種固有的不可預測性，最終排斥了一切的嘗試解釋，相較之下，形象總可能做出合理的解釋。這使得形象在一段時間內優於事實的真相，但就穩定性而言，形象無法與碰巧發生的事實競爭。打個比方，說一個徹頭徹尾的謊言就會讓我們腳下的地面消失（編註15），且沒有提供其他可以倚賴的地面，原因在此。」（原註14）

無法簡單解釋人類「行為」所創造的事實，因為其具有不可預測性和意外性。「事情不應該是這樣」、「為什麼會如此？」無論我們如何探討箇中原因，都很難得到滿意的答案。因此，人們會將「不利的事實」視為不存在，並跳到易於理解的解釋或形象。

編註15：比喻失去立足點。

原註14：引用自《過去與未來之間》。

然而，無論重複多少次虛偽的解釋，「已經發生的事實」就是不能被視為「沒有發生過」。而不接受任何辯護的「事實」，其存在本身即為抵抗極權主義的基礎，為避免陷入極權主義的「虛構世界」提供了堅實的依歸——鄂蘭如此主張。

第六章

澈底守護「事實的眞相」

「事實」的弱點

然而，問題並沒有就此結束。即使「事實」是反抗極權的基礎，我們又該如何捍衛這些「事實」？「事實」本身存在著特定的弱點。「事實」是指由人的行動和周圍條件引起的事件，而某件事是否真實發生，必須由某人的「證言」來證實。從這個意義上說，事實絕非能不證自明。

「事實的證據來自目擊者──眾所周知他們是多麼不可信──以及紀錄、文件、紀念碑等證詞，然而這些證詞都可能被偽造。當有爭議時，唯一可依賴的是另一個目擊者，不可能向第三方或更高級的審判求助。而且，結果通常是透過多數決的方法，這與解決意見爭議的方法相同。然而，這種方法作為一種程序是完全不合適的，因為無法防止大量證人作偽證。事實上，根據情況，想要加入多數派的意圖，可能會促使偽證的發生。」（原註15）

對於某一事實是否確實發生，只有一個答案，從這個意義上說，「事實」屬於絕對「真相」的領域，就像哲學和宗教中的真理一樣。然而，要證明某個「事實」確實存在，或者證明「關於事實的真相」，必須依靠目擊者的證詞。盡可能獲得更多的證人，被認為是「事實」成為「真相」的條件。換句話說，這非得要藉由與「真相」本質上不相容的多數決方法——原本是政治場合使用的方法——來進行證明不

原註15：引用自《過去與未來之間》。

可。

這就是「事實的真相」有弱點的原因所在。

政治思維的特點

當然，政治中的多數投票不僅僅是數字問題，透過討論進行說服和同意的過程至關重要。前面已經說過，由於每個人在人際關係網中的地位不同，所以從外界看到的風景也難免會有所不同。而每個人對特定問題或圍繞該問題的看法也可能不同。

由多個人的「行動」所構成的「政治」活動，取決於每個人對這些問題所持有的「意見」。從其本質上來說，「意見」是多樣的，並不存在一個普遍適用於所有人的「意見」。正因如此，說服他人並獲得「支持」、形成「共識」是必要的。為了要從本質上不同的多種「意見」中形成「共識」，需要什麼？鄂蘭說道：

「政治思維代表的是，我透過各種不同的角度考慮被提出的問題，透過在腦海中想像不在場的人的立場來形成意見。換句話說，我代表他們。這個代表的過程，並不是盲目地採納現實中某個不在場的人對世界的看法，也不是試圖成為他人或像他人那般去轉移情感和感受問題，也不是根據人數多寡而加入多數派。重點在於，雖然我是我自己，但將自己轉移到一個我實際上不在場的地方來思考，並在思考被提出的問題時，想像其他人的立場，想像自己如果處於他們的立場會有什麼感受、什麼想法。這麼一來，我的代表性思維能力就會加強，最終得出的意見就會更合理。」（原註16）

政治對話的目的並不是要對他人的感受和觀點產生共鳴。除了神之外，沒有人能夠真正理解他人的感受和情緒。人們以「理解」他人情感之名義所做的事，最終只是將自己的情感和想法投射到他人身上。從根本上說，人類甚至無法探究自己內心的深處。因此，根據鄂蘭的觀點，這正是需要遠離公眾視線並保持隱藏的原因。

與其輕易地同情和體諒別人的感受，或是原封不動接受別人的意見，反過來說，不要把自己的意見強加給別人，而是利用想像力將自

原註16：引用自《過去與未來之間》。

己擺到對方的位置，從寬廣的視角考慮問題，形成自己的「意見」。所謂代表性，意味著以這樣的方式考慮他人的立場，是得到多數人支持或同意自己意見的過程。在明確自己立場的同時，想像自己置身於他人立場來思考問題的能力，前文所述即為「判斷力」的體現過程。

談論「不利的事實」

而透過這種「判斷力」所形成的「意見」，雖並非粗暴地以單方面主張自己的立場，或只是關注自己或所屬群體的利益，就算有更公平、品質更好的意見，也與主張某種絕對性的「真相」不相容。在這點上，講述「事實的真相」的人將面臨特殊的困境。

哲學或宗教真理作為絕對真相、超越真相，具有權威性和神祕性。對於願意傾聽上述真相的人來說，真相是有說服力的。另一方面，像「自由」或「正義」這樣的原則，以及「榮譽」或「勇氣」這種人類所擁有的資質和特質，雖然在超越性和絕對性方面不如哲學與宗教的真相，但在政治世界中用來說服他人卻非常有效。

相較之下，證人所講述的「事實的真相」，幾乎不包含能夠說服或鼓舞他人的內容。講述事實的證人必須只能說出平凡無奇的事實，這些事實既不具備哲學、宗教真理的超越性，也不具備政治原則或美德的高尚。此外，由於事件往往是由多人行動交織而成，所以出現的情況更多是「搞錯一步，情況就會不同」的事實，或是「通常是不可能發生」的事實。如果這對自己不利，那麼很少有人會坦率地接受它作為事實。人們往往更喜歡聽到動聽的虛假解釋，而不是不利的事實。

講述事實的證人即使面對著當時的權勢者、部分政治勢力或對社會不利的事實，也必須如實陳述事實。即使是最不利、最不可能的事實，他們也必須向人們傳達實際上所發生的一切。然而，面對那些對事實有選擇性甚至對事實陳述者懷有敵意的人，證人很難將他們所看到的事實傳達出去。如果只是一個偶然在場的目擊者，站在證人席上成為敵意或反感的對象，便可能會猶豫不前。

一個因事件而受到某種傷害的人也許有勇氣作證，但在被敵視的情況下，證人就會受到誹謗和中傷，被說是「為了自己的利益而歪曲事實」。無論如何，對於許多人來說，以有說服力的方式講述「不利的事實」是非常困難的。即使證人為了讓別人理解而發表慷慨激昂的演講，這可能證明了他有政治說服力或作為演說家的能力，但不能證明他的證詞之事實性，或他作為證人的誠實度。

在政治場合否定不利的事實很容易。即使不需要懷疑證詞的真實性或證人的誠實度，只需要這樣說就夠了：「那只是你的看法而已。」這樣一來，關於事實存在與否的問題就被歸為「觀點的分歧」，變成「意見」的問題。

政治與真相的對立

想要堅持「事實的真相」的人必須理解，這種真相與在政治場合所表達的「意見」，根本上是不同的，在這點上，與哲學、宗教的「真理」和其他「真相」有著同樣的性質。

「真相」具有強制性，不允許「意見」或「反對」介入。發生的「事實」只有一個，儘管對於其原因、責任者和影響的詮釋可能不同，但作為前提的「事實」不會改變。在哲學、宗教或科學領域的「真相」也是如此。即使在發現「真相」的過程中存在爭議，正確的結論也必須只是唯一。揭示出來的「真相」適用於所有人，沒有人能夠逃避。

這就是數學的推理在哲學等領域被用作真相模型的原因。這種不容許「真相」有無爭論的性格，與基於多種「意見」或立場的差異為前提的「政治」討論，在根本上是對立的。

由於「真相」具有這種絕對性，想要在政治場合談論「真相」的人經常被批評為捍衛專制統治，同時也被真正的專制者仇視為危險的存在。從柏拉圖開始的哲學，之所以在蘇格拉底被古希臘雅典的民主城邦處死後，從根本上對政治採取了批判和懷疑的立場，也是因為基於對追求絕對「真相」的哲學，和以多種「意見」存在為前提的「政治」之間的根本上的對立。

只要「事實的真相」是關於已經發生的事實，也就是唯一存在的事實「真相」，那麼它必然具有與哲學、宗教的「真理」和其他「真相」同樣的絕對性。我們必須捍衛這種「真相」。為此，首先需要明確區分「真相」和「政治」的領域。

換句話說，在「真相」的領域中，決策不應該依靠多數決，無論是什麼樣的多數決，都不應該透過強制來壓制或扭曲「真相」。

另一方面，在「政治」領域，不應該強制推行某種「真相」作為人們必須絕對服從的事物。「真相」要求人們的服從，是建立在自願承認的基礎上。即使是大多數人承認的「真相」，也不應該透過權力或暴力來強制大眾，因為這將意味著「真相」本身放棄了作為「真相」的資格。

新聞業的角色

因此，承擔「事實的真相」的角色，必須獨立於以多數人的「意見」作為依歸的「政治」領域。

在政治中立的立場上捍衛「事實的真相」，首先浮現我們腦海中的，應該是新聞業的重要旗手：媒體。如果沒有新聞記者，我們將無法在不斷變化的世界中確定自己的位置。

新聞的作用是透過提供當前局勢進展的資訊，來傳達作為我們生活基礎的「事實」，但收集資訊並向多人提供資訊的工作本身，必定不可避免地涉及到「政治世界」。

原因是媒體是政府控制資訊的一部分，而不是因為它與現任政府或任何特定政黨共謀。這與政治活動以及在公共場合進行的「行動」的特性有關。

如果說「行動」在多個人相互作用的網絡中進行，那其結果就會充滿各種意圖和不一致的不可預測性。尤其是在政治報導的情況下，很難在政治家從事行動的過程中判斷其含義。例如，在政府的決策過程中，當相關部會首長根據各部會和諮詢機構的準備工作，做出政策決定，並獲得內閣批准時，新聞機構重視的是在部會首長決定執行時盡快報導其內容。僅僅複製內閣會議的決定或記者會的內容是不夠快的。如果其他媒體先報導了，那麼報導就會成為跟進的報導，失去了新聞速報的價值。新聞業政治線的記者不斷跟蹤總統或首相等要員、派系領袖、重要官僚、委員會成員等，調查他們的動向。而他們為了獲取某些資訊的努力，可能會為腐敗創造肥沃的土壤，例如政客和官僚故意洩密，以及為換取資訊而行賄。這是試圖因應人類「行動」帶來的不可預測性而帶來的風險。

從這個意義上說，新聞業透過自身的採訪和報導，捲入了政治活動中。在這種情況下，盡可能查明事實，準確報導政府、政策制定者和各政黨的行動和方向，是一項重要而艱鉅的任務。為此，不僅需要個別記者的努力，還需要形成組織或網絡以便緊密接觸政治現場，同時保持一定距離。

在資訊傳播量和速度方面，網路和雙向通訊超過了現有的大眾媒體，任何人都可以在任何時候廣泛傳播資訊，這使得獲取所需資訊的門檻大大降低。同時，這意味著透過故意洩露資訊（包含虛假資訊），透過散布誹謗和中傷等行為攻擊個人和團體，藉以操縱輿論、施加政治影響的可能性將會擴大。在這種情況下，新聞機構需要扮演的角色，就是整合並確認正確的事實，並發表可靠的資訊。

新聞機構的工作必須與政治活動區隔開來。「錯誤」的「虛構」報導，會損害公眾對報導的信任感，從而阻礙媒體的本來作用：提供資訊。新聞機構只有履行非政治性、中立的功能，才能對政治做出重要貢獻。因此，政治界必須保護新聞機構，以確保其能夠充分發揮提供中立資訊的作用。根據鄂蘭的觀點，自由憲政國家之所以選擇保護如媒體等的中立機構，是為了確保體制的穩定運作。

學術界的角色

當新聞媒體從更接近政治場域的角度傳達當前的事實時，立足點與政治場域明確不同，且擔任「事實的真相」角色的是大學等研究機構的學者和研究人員的群體——「學術界」。

由於學術界的使命是基於事實所呈現的證據來探求事物，因此他們應為擁護「事實的真相」的首要存在。其中，鄂蘭特別重視的，並非與具體的政策問題更密切相關、且其政治與社會影響及效果直接顯現的自然科學和社會科學領域，反而更重視「歷史學和人文學科」。

「如今學術界的專門學科占有重要位置，由於自然科學的發展，學術界真正的政治意義容易被忽略。自然科學從基礎研究中，產出攸關整個國家生死的重大成果，這是意料中的事。不能否認大學在社會和技術方面的實用性，但這些成果並沒有政治功能。歷史學和人文學科的任務是發現事實的真相和人類的紀錄，並加以保護和解釋，而這與政治有著更為密切的關聯。」（原註17）

今日，自然科學及奠基於此的科學技術發展，對社會產生了巨大的影響。為了經濟成長，不斷創新技術必不可少，因此推動研究開發

原註17：引用自《過去與未來之間》。

成為重要的政策課題。雖然各種政策制定者都在透過諮詢機構等途徑尋求科學家的意見，但今天人們已經普遍認識到，科學研究本身仰賴國家提供的巨額研究資金。然而，鄂蘭在這裡提到的學術界原本重要的角色是歷史學和人文學科等，這類與當今科學和技術最前線似乎相距甚遠的領域。為什麼歷史與人文這些被認為是「科學」的學科，能成為「事實真相」的要角，這個問題本身常常被討論。鄂蘭以經濟學為代表的「社會科學」論述就說明了這點。

「經濟學主張其作為一門科學的性質，是因為人們存在於社會，普遍遵循特定行為模式，而那些行為偏離規則的人則被視為非社會性或異常並遭到忽視。統計學的法則僅在對象眾多或長期情況下才有效，在這些情況下，行為和事件僅被處理為統計學上的偏差或波動。統計學的論點是，個人的偉大成就或事件僅是例外，在日常生活或歷史上很少發生。然而，就是這些一次性的例外行動才能揭示日常關係的真正意義，而非日常生活中重複發生的事情。只有透過少數事件，我們才能闡明歷史上單一時期的意義。因此，將適用於大多數對象和長時間的規律應用於政治和歷史，只會導致政治和歷史的核心主題被消除。排除那些沒有價值的日常行為或不符合趨勢的事物，卻只探尋在政治上有意義、於歷史上重要的事物，是荒謬的。」（原註18）

原註18：引用自《人的條件》。

個人偏離規則的行為＝行動才是重要的

試圖像自然科學那樣精準分析人類行為的「社會科學」，是隨著經濟的飛躍發展而興起。

每個人在經濟活動中的行為方式都一樣。在市場上購買商品時，他們會盡可能選擇便宜的商品，相反地，當他們出售財產或服務時，他們會盡可能地高價出售。人們在一定的條件下採取行動，追求自身利益的最大化，這是經濟學的前提。在滿足需求並為此目的交換金錢的經濟世界中，人們採取可以統計處理的一致方式行事。因此，經濟學能有效分析人類的行為。在此，與一般模式不符的個體行為被排除在外，視為「脫軌」或「偏差」。這種優先考慮遵守法律和假設的態度，與忽視不適合的資料或竄改數據的誘惑密切相關。如果沒有誠實地面對客觀真相的信念，沒有保證學術誠信的體制機制，只要取得看得到的研究成果，就直接與研究經費和職位的保障掛鉤，不得不說，包含自然科學在內，現今數據竄改的危險性非常大。

在自然科學中，拋開偏離規則的案例或個別具體現象是否有任何意義的問題，人類「行動」的特點在於，偏離了普遍性規則與適應的計算和預測。歷史事件的發生是由人類的「行動」所致，而非適用於所有人統一的「行為」（behavior）。鄂蘭指出，真正產生政治意義和歷史重要性的是「行動」（action）。

當行動被賦予意義時

而人類「行動」的意義如何被揭示？是藉由第三者的口述來進行。「無論是私人生活還是公共生活中所進行的行動，其行動結果帶來的故事性質和內容如何，不管從事行動的人數是多或少，該行動的意義能完全清晰地顯現出來，是在行動結束之後。在製作物品的過程中，最終的產物是根據工匠事先捕捉的形象或模型所給予的引導之光來判斷。然而，照亮行動過程以及歷史進程的光芒只出現在最後，有時則會出現在所有角色都已逝去之後。故事的述說者——即歷史學家，他們在回顧過去時，行動才會完全展現其面貌。通常歷史學家會比參與事件的當事人更了解究竟發生了什麼事。雖然有時候行動者對他們自己的意圖、目的和動機進行的解釋或許可信，但對歷史學家來說，這僅僅視為有用的資料，其意義和可靠性比不上歷史學家所講述的故事。故事的創作者會講述什麼樣的故事，至少在行動的過程中或行動者受到結果的束縛之間，是永遠無法知曉的。其實對於行動者本人而言，行動的意義並不在於由此產生的故事。故事是行動的必然結果，而捕捉並以故事的形式「製作」的則是故事創作者，並非行動者本人。」（原註19）

人類的「行動」在多人之間進行著。一個人的「行動」絕不僅僅是那個人的「行動」，而是對特定個人甚至不特定的多數人產生影響，

原註19：引用自《人的條件》。

受到影響的人也會根據各自的意圖作出反應。在人際關係網中進行的「行動」是無法預測其結果的，幾乎很少有行動會產生預期中的結果。他「行動」的意義、「他實際做了什麼」，只有在他人的眼中才能得以明確。

無論本人期望的是什麼，其結果都必須等待他人評價。即使是最優秀的人，也無法完全靠自己完成自己的人生。即使是最有天賦的藝術家，也無法將自己的人生如藝術作品那樣創造出來。即使是最強大的統治者，也不可能如其所願地選擇自己的政治和歷史成就。他所做或試圖做的事情，其結果將由他人——那些與他沒有直接接觸的人來評判。只有經過後人的公正判斷，他的行動才能被賦予意義，他的行動包括成功和失敗，才會被人們銘記，而不會沉入黑暗遭人遺忘。

透過故事「與現實和解」

被拯救的不只是行動者本人。只有透過言說，他的行動才能對留下的人們具有意義，並得以理解。這正是人類接受事件發生後果的唯一方法。只有當人們正視自己的「行動」所造成的後果，並接受其為「事實」時，現在和未來的人們才能以這些「事實」作為穩固的立足點。而歷史學家和人文學家的重責、他們所進行的課題，在意義上即是「與現實和解」。

「說出事實真相的人、同時也是講故事的人，只要說出事實真相就會帶來『與現實的和解』。這個『與現實和解』，被偉大的歷史哲學家黑格爾視為哲學思想的最終目標。而事實上，若不止於學術的歷史敘述，那麼其中的一切都隱含著原動力。歷史學家就像小說家一樣（優秀的小說絕不僅僅是單純的虛構，也不是純粹的幻想），必須改造僅是偶發事件的給定題材，但這種改造與詩人變換情感和心靈變化的過程幾乎相同，就如將悲傷轉化為哀歌，將喜悅轉化為讚歌。根據亞里斯多德的觀點，我們可以在詩人的政治功能中看到一種淨化作用，那是能沖刷所有阻礙人類行動的情感。說故事的人——無論是歷史學家還是小說家——其政治功能是教導人們接受事物本來的面目。從接

受這種原貌的誠實中，判斷力就會產生。」（原註20）

正如歷史所講述的故事都是基於事實，文學所訴說的故事也不只是想像的產物。文學可以透過人類的行動、其後果以及隨之而來的心理和情感為素材來建構故事，讓讀者思考已發生的「事實」及其意義。透過接受事實現況並理解其意義，人們可以培養出辨別事物好壞的「判斷力」。

從這個意義上來說，歷史學和人文學領域的學者所做的工作本質就是「與現實和解」。他們確認已發生的事實，同時試圖理解這些行動的意義，例如透過各種陳述和紀錄來推測行動者的意圖，以及相互對照這個行動與他人的關連所帶來的結果。在社會科學領域中，研究

原註20：引用自《過去與未來之間》。

者所從事的工作並不只是將對象納入一般法則中，而是試圖確認「行動」帶來的「事實」，並理解其意義。在「學術界」，必須要做的工作便是講述「事實的真相」及其意義。正因為這是一項重要的政治功能，所以鄂蘭指出，這種角色只有在遠離政治的情況下才能有所發揮。

結語

傳遞希望

捍衛「事實的真相」並論述「行動」的意義，這不僅僅是學術界的任務。當然，必須使用各種技術來尋找資料並進行批判性的驗證，藉以確認過去的事實。這需要掌握這些技術的專業團隊透過相互競爭或審查，證明他們自身專業技能的品質，同時也需要機制來為其活動提供人力和物質保障。這也就是為什麼大學和研究機構，他們有必要占據學術界的獨立地位。然而，認真對待事實、傾聽來自事件的聲音、在當場講述採取了行動的人們的故事，可不只專屬於這些專家團體的工作。

幫助猶太人而遭到處決的德國士兵

鄂蘭將觀察猶太人送往集中營的納粹親衛隊阿道夫．艾希曼（Adolf Eichmann）的審判過程，撰寫成《平凡的邪惡：艾希曼耶路撒冷大審紀實》（*Eichmann in Jerusalem: A Report on the Banality of Evil*，一九六三），書中描述了一名德國士兵的行為。

這名士兵是安東．施密特（Anton Schmidt）士官長，他在波蘭執行任務時遇到了猶太地下組織成員，並提供偽造文件和軍用卡車來支持他們的抵抗活動。從一九四一年十月到一九四二年三月，安東持續支持這些活動五個月，直到他被逮捕並受到處決。當時在波蘭，藏匿猶太人或是向猶太地下組織提供武器、收養猶太孩子都是極度危險的行為，但仍有許多人採取了這樣的行動而喪命。施密特是唯一一個以德國人身分被提及的犧牲者。

「證人科文納（Abba Kovner）談到這位德國士官長所提供援助時的那幾分鐘，法庭完全沉默了下來。這就像是觀眾自發性地決定為那位名叫安東·施密特的男人進行兩分鐘默禱一般。在這兩分鐘內，黯然的黑暗彷彿瞬間出現了光明，只有一個想法清晰地出現在每個人的腦海中——如果這樣的故事能夠被講述得更多，無論是在今天的法庭上、以色列、德國，甚至整個歐洲，一切會發生何等的改變。」（原註21）

鄂蘭說，如果像安東・施密特這樣反抗的故事被傳揚，那麼情況可能就會改變吧。當然，即使是這樣的反抗——它並不會對周圍的人造成迫害——也有人認為是無意義和無效益的。作為這種反對意見的典型例子，鄂蘭引用了曾於俄羅斯前線服役的德國軍醫彼得・巴姆在他著作《看不見的旗幟》（一九五二）中的一段話。巴姆目睹了親衛隊的「行動部隊」將猶太人放入毒氣卡車殺害的過程，他說：

「我們什麼也沒做。對抗行動小組或對其進行任何實質干預的人，都會在二十四小時內遭到逮捕並且消失無蹤。這是本世紀極權政府的巧妙伎倆之一，不允許反對者為了他們的信念、且如偉大且戲劇性的殉教一般死去。我們之中的許多人都會接受這樣偉大的死亡，但極權國家卻會將反對者消失於匿名的沉默中。如果一個人敢於選擇死亡而非忽視罪行，那麼他肯定白白犧牲了性命。這樣的犧牲不僅在道德上沒有意義，實際上也完全沒有必要。我們沒有人堅信，為了更高的道德意義要做出實際上不必要的犧牲。」(原註22)

對於巴姆這樣的觀點，鄂蘭提出異議。確實，極權主義試圖消除人類「行動」的所有痕跡。事實上，他們試圖銷毀在集中營犯下的罪行證據。透過在焚化爐中焚燒屍體，並用炸藥和機器粉碎骨頭，受害

原註21：引用自《平凡的邪惡：艾希曼耶路撒冷大審紀實》。

原註22：引用自《平凡的邪惡：艾希曼耶路撒冷大審紀實》。

者存在的所有痕跡都被抹去，讓他們陷入無人說話的沉默和無人知曉的匿名黑暗中。但人類所做的一切不可能完美。個人或特定群體的意圖和計畫無法原樣實現，這是人類「行動」本身固有的性質。總有人會倖存下來，講述這個故事。有人會聽到從留下的痕跡中傳來的聲音。從這個意義上來說，創造一個完整的「遺忘之洞」並不是極權主義所能做到的。而從那裡講述的故事有什麼樣的意義呢？

「這樣的故事所蘊含的教訓是簡單的，人人都能理解。從政治角度來說，這個教訓即使在可怕的條件下，大多數人都會屈服，但有些人不會。從鄰國對解決『猶太問題』最終合作請求的反應中，可以得出的教訓是，儘管同樣的事情『可能』在大多數國家發生，但並非在每個地方都會發生。從人類的角度來看，我們不需要更多的東西來確保這個星球適合人類居住，而且要求更多也是不合理的。」（原註23）

從人類「行動」的性質來看，並非每個人都以相同的方式行事。有人會開始「行動」，以改變現狀。為了讓這個世界繼續成為適合人類居住的地方，不是每個人都會採取一致的「行為」，只要有人開始「行動」，就還有希望。

你的行動或許會產生某些新事物

眾所周知，鄂蘭將艾希曼描述為「平庸的邪惡」。艾希曼絕非特

原註23：引用自《平凡的邪惡：艾希曼耶路撒冷大審紀實》。

別的人，也不是極惡的惡魔或殘忍的虐待者，他只是一個平凡的人。一名普通公民可能會像納粹一樣犯下罪行，他或她們可能參與將許多人送進殺人工廠的行動。極權主義的真正可怕之處便在於此。「你身邊可能有個艾希曼，甚至你自己也可能成為艾希曼。」人們經常提起這樣的教訓。然而，只是如此設想並不意味著能夠有效應對，這是人類「行動」交互影響的特性。更何況，如果試圖在他人的行為中尋找艾希曼，那麼可能形成極權主義大量利用的相互告發系統。

鄂蘭本人試圖找出的、實際上是人們希望發掘的，那就是對人類產生行動的希望。你也有可能開展新事物。你所做的行動可能不會直接產生預期的結果，但最終可能會帶來新的可能性。正因如此，人類的行動和其結果必須作為故事流傳下來。

此外，說故事也是每個人擁有的能力。故事的素材是已經發生的事實，但為了將其傳遞給他人，必須透過文字或影像等方式形塑出來。關於鄂蘭對於人類活動的分類——對材料進行修改以達預定目標的「工作」=「製作」，而最終的引導則是來自「思考」，這就是勞動、工作、行動這三種人類主要活動之外的第四種活動。

「思考」始於退一步觀察自己的行動。在這階段，產生「與自己內心的他者對話」。每個人都可以退後一步客觀地觀察自己周圍的情況，停下來思考。事實上這是每個人都在做的事，談論一個人的成就，包括意圖、目標、失敗和錯誤在內的結果，便已經包含了對「行動」

意義的「思考」。以這種方式傳達的故事，能鼓動接收到故事的人們進一步「思考」。因此，鄂蘭認為，這會創造展開「新行動」的可能性。

消除極權主義的可能性

每個人基於自己的意志所進行的「行動」，總是在與他人編織的「關係網」中進行，其結果往往令人難以預測。這就是為什麼極權主義試圖單方面控制人類的行動，最終會出現裂縫，導致失敗的原因也在此。無論多麼高壓的體制，多麼巧妙的統治，都無法完全控制每個人的行動。每個人的天賦、性格和處境各不相同，必然會有人採取出乎預料的行為並提出異議。正因如此，我們每個人都應該記錄這些人的「行動」，連同對新可能性的希望一起傳揚下去。

為了消除極權主義再次興起的可能性，我們必須恢復極權主義所破壞的人與人之間的聯繫，並創造自由的「運動空間」。儘管人類自由的「行動」本身具有不可預測的特性，因此可能會面臨意想不到的危險。人類擁有自由的可能性與這些危險緊密相連。

而為了穩定地維持基於自由「行動」的「運動空間」，防止人與人之間的合作成為曇花一現，我們需要全新的政治機制，不依賴被極權主義摧毀的傳統和意識形態，而是運用與以往完全不同的方式，將人們的各種人們的活動聯繫起來。人類應該具備開展這種「新事物」的能力。

鄂蘭自《極權主義的起源》以來的思維，就是面對這些課題的挑戰。

書單介紹

極權主義是一種徹底自我毀滅的現象。人類可以徹底毀滅自己。極權主義可以從根本上摧毀構成人類的一切基礎，甚至是世界本身。鄂蘭是一位思想家，持續深入思考人類在遭受巨大破壞後還能做些什麼。

以下為對鄂蘭的思想感興趣的讀者介紹其主要著作。

- **《極權主義的起源》大久保和郎、大島通義、大島馨 譯**（Misuzu 書房・新版・二〇一七年）

這本著作標誌著鄂蘭成為一位真正思想家所邁出的第一步。第一部分「反猶主義」和第二部分「帝國主義」，探討了產生極權主義的歐洲社會為何會促成納粹誕生，而在這個前提之下，才能充分理解第三部分的「極權主義」之特質。對於鄂蘭來說，人類行動所交織成的政治世界的事件，每一件都互為關聯，而極權主義這一現象也在這樣的歷史關聯之中。

（台灣版：商周出版，李雨鍾譯，二〇二二）

- **《人的條件》牧野雅彥 譯（講談社學術文庫．二〇二三年）**

在極權主義的衝擊下，這部著作探討了人類為了活出人性所需的生活條件。在「人的條件」中，包括了人類作為生物與自然之間的活動。

這些活動，如「勞動」、「工作」＝「製作」、「行動」，都是在自然循環中進行的。本書的主題是探討人類與自然的關係到了現代如何變化，以及這為人類帶來了什麼。

（台灣版：商周出版，林宏濤譯，二〇二一）

- **《論革命》 志水速雄 譯**（筑摩學藝文庫・一九九五年）

以《人的條件》的研究為基礎，本書討論了「政治」的活動及其特點，以法國大革命和美國獨立等近代的兩大革命為主來進行探討，也論及美國共和政體作為近代政治模範的構成因素，並討論了左翼恐怖主義的邏輯及其原因。

● **《論暴力：共和國的危機》山田正行 譯**（Misuzu 書房・二〇〇〇年）

在一九六〇年代後期，當美國因越戰和黑人問題而陷入危機時，鄂蘭探討了危機的根源。本書是由幾篇論文和隨筆集結而成，由於整體主題不易閱讀，因此需要牢記鄂蘭迄今為止所提出的理論，並且明白二戰後的美國和世界發展的背景再進行閱讀。本書還詳細討論了「權力」、「暴力」，以及「權威」的區別。

● **《過去與未來之間》引田隆也、齋藤純一 譯**（Misuzu 書房・一九九四年）

如果說《論暴力》是一本與實際政治事件相關的時事評論和政論，

那麼本書則是思想隨筆的集成。然而，對於鄂蘭來說，政治評論和思想的探討之間並無區別，在兩者之間自由遊走是她的特點，因此，建議與《論暴力》一併閱讀。

（台灣版：商周出版，李雨鍾、李威撰、黃雯君合譯，二〇二一）

- **《平凡的邪惡：艾希曼耶路撒冷大審紀實》大久保和郎 譯**（Misuzu 書房．新版．二〇一七年）

這本書是關於艾希曼「平庸的邪惡」的評論，可視為政治學分析的書籍，涵蓋了納粹政策的決策過程發展乃至面對猶太人問題所實施的「最終解決方案」、納粹內部對於遷移猶太人的意向、猶太人的應對，以及各國的服從與反抗。

（台灣版：玉山社，施奕如譯，二〇一三）

- **《責任與判斷》中山元 譯**（筑摩學藝文庫．二〇一六年）

這是鄂蘭逝世後留下的論文和評論的彙編，其中包括本書引用的〈若干道德哲學問題〉等重要內容，以及有關奧斯威辛審判（Auschwitz trial）的評論。

（台灣版：左岸文化，蔡佩君譯，二〇一六）

後記

總編輯青木肇先生給了我一個課題，「要以清晰易懂的方式，向那些從未閱讀過鄂蘭作品的人，說明其思想精髓」。在這過程中，有著一連串限制，如「禁止使用艱澀的專業術語和行業用語」、「禁止與其他思想家進行比較」，即使在草稿階段，我也不斷收到評論，像是「這裡需要更多解釋」、「一般讀者可能無法理解」、「這部分令人感覺突兀」、「這裡是否不那麼需要」等。儘管我盡力撰寫了，但作品成敗仍取決於讀者的評判。

鄂蘭的思想被形容為「沒有扶手的思考」，她認為既有的理論和思想已經過時。鄂蘭的本意是，我們必須不依賴以往的傳統來思考事物，但這並不意味著要在沒有任何線索的情況下進行思考。基本上，對於不是神祇的人類來說，在沒有外部刺激的情況下進行思考是不可能的，這種情況下，需要一些「參考」或「扶手」來引導我們的思考。

閱讀就是提供這樣一種「扶手」。不僅能從中獲取知識和資訊，還能以此作為線索開啟思考。人們往往會挑選出支持自己主張的部分，並對與自己意見相左的部分進行反駁。然而，真正要思考的是：我們為什麼會對這本書產生共鳴？我們對哪些部分感到格格不入？閱讀該書而產生共鳴的自己、感到憤怒的自己，是我們對話的對象，也就是鄂蘭所說的「另一個自己」。

鄂蘭的書籍為我們提供了這種對話的絕佳線索。

感謝青木先生給了我重新思考《極權主義的起源》的機會，也感謝向現代新書編輯部推薦此書的互盛央先生。

——牧野雅彥

漢娜・鄂蘭：極權主義的惡夢
今を生きる思想 ハンナ・アレント 全体主義という悪夢

作者　牧野雅彥
譯者　鄭寬量
主編　蔡曉玲
行銷企劃　王芃歡
審稿校對　黃冠寧
封面設計　Bianco Tsai
內頁設計　賴姵伶

發行人　王榮文
出版發行　遠流出版事業股份有限公司
地址　臺北市中山北路一段 11 號 13 樓
客服電話　02-2571-0297
傳真　02-2571-0197
郵撥　0189456-1
著作權顧問　蕭雄淋律師

2024 年 9 月 1 日初版一刷
定價新台幣 350 元
（如有缺頁或破損，請寄回更換）

Printed in Taiwan
ISBN：978-626-361-825-1
遠流博識網　http://www.ylib.com
E-mail: ylib@ylib.com

國家圖書館出版品預行編目 (CIP) 資料

漢娜．鄂蘭：極權主義的惡夢 / 牧野雅彥著；鄭寬量譯 . -- 初版 . -- 臺北市：遠流出版事業股份有限公司 , 2024.09
面；　公分
譯自：ハンナ . アレント：全体主義という悪夢
ISBN 978-626-361-825-1(平裝)
1.CST: 鄂蘭 (Arendt, Hannah, 1906-1975) 2.CST: 學術思想 3.CST: 政治思想
570.9408　　113009644